融媒体时代电视新闻节目的创新转型发展研究

袁海明◎著

吉林人民出版社

图书在版编目（CIP）数据

融媒体时代电视新闻节目的创新转型发展研究／袁海明著. – – 长春：吉林人民出版社，2023.7
ISBN 978–7–206–20162–2

Ⅰ．①融… Ⅱ．①袁… Ⅲ．①电视新闻 – 电视节目 – 研究 – 中国 Ⅳ．①G222.3

中国国家版本馆 CIP 数据核字（2023）第 138179 号

融媒体时代电视新闻节目的创新转型发展研究

RONGMEITI SHIDAI DIANSHI XINWEN JIEMU DE CHUANGXIN ZHUANXING FAZHAN YANJIU

著　者：袁海明
责任编辑：李沫薇　　　　　　封面设计：墨知缘
出版发行：吉林人民出版社（长春市人民大街 7548 号　邮政编码:130022）
印　刷：北京荣泰印刷有限公司
开　本：710mm×1000mm　1/16
印　张：16　　　　　字　数：153 千字
标准书号：ISBN 978-7-206-20162-2
版　次：2023 年 7 月第 1 版　印　次：2023 年 7 月第 1 次印刷
定　价：68.00 元

如发现印装质量问题，影响阅读，请与出版社联系调换。

自序

梦想萌芽之初

兴趣是最好的老师。这句话用在我的身上，再恰当不过了。由于我是家里老小，父母倍加疼爱，怕到学校受委屈（那个时期，没有幼儿园，农村家庭也没有条件将孩子送到托儿所）。于是，父母特意推迟一年送我入学，但在学校里，我依然非常腼腆木讷，见到女同学会脸红，老师上课提问时我更不敢起立回答，考试时，也会因为过分紧张而失常发挥。记得小学升初中毕业考试时，由于是第一次到县城参加会考，老师、同学都特别陌生，所以特别紧张，得了第二名，成绩比老师预想的低了一个名次，还被当时的班主任狠狠地批了一顿。

我的初中时期是在当时的城关中学度过的。由于学校离家有十几公里远，我每周只能回家两次，周三的这次回家是为了取一袋供后两天吃的馒头。睡大通铺、啃冷馍、吃咸菜、喝白开水，而且，随时有可能被学校周边的混混敲打，这些到现在想起来我依然有点不寒而栗的生活，可能是到目前为止，这一生经历的最困难的岁月了。相信有过同样经历的朋友，都能体会到这种困苦带来的揪心与煎熬。冬天，学校的宿舍里没有暖气也不架火炉，更不可能有电褥子，我只能用从家里带来的被子裹紧身体御寒。馒头被冻住了，两三个同学合力用手去掰，掰成大块泡在开水里，再加点咸菜，这基本就是冬季日常的伙食了，唯一热气腾腾的只有从水灶上接的开水。夏天，十几平方米的宿舍里挤了十几个同学，室温很高，气味复杂，而在这个时期，馒头又会经常变质，有时候掰馒头时都能看到黑黑的"拉丝"。学校有灶，父亲会每周给我 5 块钱伙食费，但我从来没有到灶上吃过饭，一是因为上灶的大部分是老师，很少有学生进出，二来也舍不得花掉父亲用辛劳换来的这 5 块钱。

有人说："折磨像一把铁锤，打掉的是脆弱的铁屑，锻成的是锋利的钢刀。"这三年困苦的初中生活，我虽然吃坏了胃，拖垮了身体，但坚持学习、跳出农门的决心丝毫没有动摇。记得当时每次听到某某同学放弃学业的消息，我都会在心里不屑地骂他们为学习上的逃兵。虽然伙食很差，但我学习的劲头丝毫不减。虽然我的性格比较内向，上课很少主动举手回答问题，但是在心里慢慢形成了爱模仿、好折腾的个性。有几次课间，由于和同学打闹追跑，推倒了同学的课桌，被告发后，老师骂我为"蔫坏蔫坏的小不点"。由于我当时营养不良，个头不高，加之不喜欢举手回答问题，所以，被起了这样一个小绰号。

由"蔫坏蔫坏的小不点"变身主持人

那个时候，中专学校很是风光。之所以说风光，一是因为所有的学生和家长都非常重视初中升中专的竞争，经过激烈角逐，只有少数优秀的学生才会被中专学校选拔录取，剩下的才进入高中继续学习。二是因为中专学校是包分配的。也就是说，只要你考上中专，那就意味着已经有了稳定的"铁饭碗"。

幸运的是，我经过自己的奋斗和爸爸的努力，在1995年9月，顺利拿到了当时响当当的中专院校——平凉师范的录取通知书，终于迈出了跳出农门的第一步。和初中相比，师范的学习生活惬意多了。虽然学校管理严格，课程很多，但没有太多的升学压力，没有了冷馍、咸菜的困扰，于是我便多了发展兴趣爱好的精力和心思。

正所谓"江山易改，本性难移"，在刚开始师范一年级的学习中，我"蔫坏蔫坏"的性格依然延续，不会主动回答问题，不敢正面看女同学。记得上第一节音乐课时，老师让每一个学生简单介绍一下自己并唱一段自己喜欢的歌，了解大家的音乐基础，其他同学都依次进行，轮到我的时候，我满脸通红，一句话也说不出，老师耐心开导，我依然一言不发。最后，被老师定义为成心捣乱的"坏学生"。

之所以说我"蔫坏蔫坏"，是因为在课堂上我虽不敢发言，但课间却是教室后面极其活跃的"捣乱"分子。我和同学们用提水桶、脸盆、笤帚等当乐器组建乐队，自己充当得意扬扬、手舞足蹈的指挥，组织同学们开展声音模仿大赛，和小伙伴儿追逐打闹，经常掀翻同学的书桌。现在回想起来，这种"蔫坏蔫坏"的个性极有可能是我内心文艺心态萌动的表现。

就这样一直到了师范二年级，全校选拔主持人，班里要推荐两名学生。在班级选拔赛中，我按照自己平时模仿的习惯，朗诵了一段课文，赢得了班主任和同学们的称赞和掌声，和班里的另一位女同学（当时已是学校主持界的台柱子）高票入围班级推荐人选。在学校主持人选拔赛中，我紧张万分，这不仅是由自己的"蔫坏"个性所致，更是因为自己非常喜欢的口语老师做了评委。

第一次在如此正式的场合亮相，我对自己的表现很不满意。就在我心灰意冷的时候，突然被口语老师点到了名字，同时留下来的有10位同学。老师宣布，这10位同学作为候选人，进入学校主持人才库。而且，口语老师特意鼓励我说："这位同学的音色很好，语感很不错！"这样的话语让我意出望外，很是惊讶！

机会始终青睐有准备的头脑。现在想来，我平时的"蔫坏"性格，大概是我内心潜在的表达欲望的萌动升腾，无意识地为后来走上播音主持和记者道路铺平了道路。自从进入学校主持人才库，我才发现，自己对播音、主持、写稿是如此喜欢。每周主持校园广播前，我都会认真备稿、仔细揣摩，这种好学上进的劲头和认真踏实的态度，赢得了校团委领导和口语老师的高度赞扬，也获得了同班好友的积极鼓励和支持。

在老师和同学们的帮助下，我的播音主持梦想的航船逐渐进入正轨。每周的校园广播，我是出勤率最高的，当然，这不仅仅是由于我勤奋，更和负责校园广播的校团委领导、老师对我的肯定密切相关。大家都鼓励说，我是播得最好、准备最充分的校园广播主持人。在大家的一片肯定和鼓励声中，我做小记者、当主持人的激情被彻底点燃，愈烧愈旺。"蔫坏蔫坏"的个性中活泼好动的积极因素也被发挥到了极致，我学习播音主持技巧和知识的积极性愈发高涨。当然，那个时候的学习方式相对比较单调，所谓的学习就是多查《新华字典》，多听中央人民广播电台的《新闻和报纸摘要》，争取各种机会收看中央电视台的《新闻联播》。

经过半年时间的历练，我的努力得到了学校领导的肯定。校领导商议后决定，让我主持学校的各种文艺会演和汇报活动。听到这个消息，我自然高兴极了。但随即却是万分苦恼，因为做活动主持人需要得体的服装、合适的皮鞋、精神的发型，而置办齐这些行头，对当时的我来说是一笔不小的开支。何况，学校的汇报演出基本上周周都有。本打算上师范后靠自己努力获得的奖学金实现自给自足的我，面对这样的机遇，进退两难。

"山重水复疑无路，柳暗花明又一村。"就在我一筹莫展之际，一天晚上，看到我的舍友穿着一身笔挺的西服，我突发奇想，有了另一种思路。反正上台只穿一次，我可以借舍友的服装呀！第一次借装成功后，便一发不可收拾，每次上台，衣服是借来的，鞋子是借来的，领带是借来的，头发是一周不洗梳出来的发型。借来的"外壳"让我很是心虚，所以，我把练习的重点放在了如何更好地提升主持能力上。

人只有经历了痛苦、折磨、孤独，才能增加生命的厚度。在这种痛并快乐着的学校主持生涯中，我不断提升着自己的主持水平，为之后从事自己喜欢的播音主持工作打下基础。熟悉我的同学都知道，我不喜欢被人认出，不想让别人知道平时其貌不扬的我就是大家都羡慕的文艺会演舞台上的那个体面光鲜的主持人。自己的勤奋努力，和这种其实内心自卑而被外人看作品格高尚的行为，越发得到了领导和老师的欣赏与肯定。所以，师范三年，我的生活相当充实，通常是周内负责校园广播，周末两天主持学校的文艺活动。

曲折的就业之路

学校是象牙塔，社会是大熔炉。当毕业那天，班主任老师推心置腹地动员我们利用自己的特长和人脉，为自己找到更好的就业单位时，我们才意识到了人脉和特长的重要性。在老师的指点下，我们先后找到崆峒区电视台和平凉电视台推介自己，企图凭自己的主持特长留在平凉。但对方的回答是："能力不错，孺子可教，但人已招满"。

"路虽远，行则将至。事虽难，做则必成。"带着些许沮丧回到了生我养我的泾川，爸爸想尽一切办法，找了很有能力的堂哥，堂哥找人把我安排到了离家最近的城关镇教育办工作。不死心的我，又拿着老师的介绍信，前往泾川县广播电视台面试。最后，在舅舅的帮助下，我终于获得了在泾川广播电视台实习的机会，经过领导的考察、试用和舅舅的大力举荐，分管宣传的县领导决定将我从教育系统调至广播电视台工作。当得知我要被调到电视台的消息后，城关教育办的领导顿时觉得我是一个人才，可能是抱着人才不能流失的心态，企图阻止我的调动。好在胳膊扭不过大腿。县政府常务会经过研究后，下发文件将我的工作关系很快转到了电视台，从此我开始了自己梦想的播音主持工作。

有人说，能从事自己喜欢的工作是人生最大的快乐。而我就是那个收获无数感动、在快乐中前行的幸运儿。我刚进入泾川县广播电视台的时候，感觉梦想的航船即将正式启航，满心欢喜地投入工作，信心百倍地憧憬未来。没有了毫无头绪的迷茫，多了为梦想拼搏的雄心。由于单位没有分配住房，我每天只能骑着自行车往返于老家和单位。那个时候，回家必经的 312 国道正在修建，每次到单位时我都是满脸灰尘，只好在堂哥的房子里洗漱一番，再前往单位。即便如此，我脑海中依然呈现的是每天能主持播音的快乐和将来通过自己的努力改变命运的美好图画。我时常用孟子的名言"故天将降大任于是人也，必先苦其心志，劳其筋骨，饿其体肤，空乏其身，行拂乱其所为，所以动心忍性，增益其所不能"来告慰自己疲惫的身躯，激发自己奋进的意志。

快乐的心境很快被残酷的现实所击破。有一段时间，单位门房的老大爷请假，领导让我住在门房看守大门，还让我清扫院子卫生。这让我作为一个主持人的自尊和颜面荡然无存，领导还不容我辩解，直接在同事面前批评我不懂事和自视清高。这样的境遇，让我闷闷不乐了一段时间后，迅速有了一个清晰的想法，那就是训练自己的写稿能力，用实力在同事心里树立威信，更重要的是为自己能走出泾川，离开这个给我平台但却让我感受到屈辱的梦想启航之地。

人一旦有了梦想，便浑身充满了力量。通过努力，我写稿、主持、编辑的《虚荣的代价》《爱拼才会赢》等节目，获得了甘肃省广播影视二等奖，刷新了泾川县广播电视台在全省节目评选中名次和数量的纪录。我编辑播讲的小说连播节目《人生》获得甘肃省广播电视文艺节目最高奖,并作为当年甘肃省此类作品的唯一代表参与广电总局优秀节目的评选。

艰难的逐梦旅程

专业奖项的获得更增加了我坚持梦想的底气和努力向更大平台进发的勇气。于是,我抱着试试看的心态,向温州市广播电视台投去了简历和样带,没想到在一个月后,竟然收到了参加复试的通知。温州市广播电视台办公室的叶主任特意介绍道:"这次在上万名应聘者中精心挑选出前十名进入复试,而且,来回车费及食宿全由台里承担。祝贺你哦!我在温州等你。"

机会来得太容易,让我有点不敢相信。为了避免应聘失败后"无颜见江东父老",也为了给自己留条后路,出发前我没有告诉家人,更没敢告诉单位。只是向单位领导以爷爷有病为由请了 20 天的长假。在自己的桌历上写了句"前往温州市广播电视台应聘,祝自己成功"的话语,整理好行装便匆匆踏上了追梦的旅途。当时我的心情很是复杂,有些悲壮,心想,万一失败了,或者遭遇车祸等不幸之事,至少家人知道我去了哪里。

因为，在此之前，我没有出过远门，走得最远的就是由泾川到平凉上学。所以，对这次远行，我充满了热切的期待和淡淡的恐惧。那个时候，没有手机，也没有导航，我只能一路边问边走。在坐上大巴前往西安的路上，一切顺利！在繁华的西安大街上，我独自行走，感慨万千。我心想：原来大都市如此繁华和美丽。可是这一切与自己没有多大关系。因为没有一扇窗是属于自己的。我的内心欣喜，但又有些许忧伤。

屋漏偏逢连阴雨。一眨眼的工夫，我随身携带的小包被可恶的小偷"顺"走了。顿时，我好像全身淋遍了瓢泼大雨，火热的追梦激情被全部浇灭，心情低落到了谷底。心里一直在想：自己为什么这么不顺呢？是不是上天注定？既然如此，不如趁早打道回府。就在准备退票回家的刹那，一个念头闪过心间："就这样回去，岂不是成了日后同学间嘲讽的笑柄？如果在追梦的路上连这点坎坷都无法逾越，那肯定成不了大事儿。"翻寻了一番之后，我终于找到了安慰自己的理由：自己真聪明，丢失的只是领带和一本书，最重要的身份证还装在兜里。就这样，我不断地找理由安慰自己，让自己前去复试的决心更加坚定，勇气也逐渐恢复。

有了这次被偷的经历，登上西安到南京的中转列车，我自然提高了警惕。由于怕温州市广播电视台不报销路费，我特意买了最便宜的硬座票。路上，一位好心的大哥看我站得非常辛苦，让座给我，被我断然拒绝。一位年龄相仿的同行者，介绍自己出行打工的经历，推心置腹地跟我谈论人生和梦想，我只是洗耳恭听，应付了事，对自己的出行信息毫不涉及。熬了一天一夜，我终于浑浑噩噩地来到了南京，大都市繁华得让人眼花缭乱，不断拨动着我执着追梦的发条，越拧越紧。在南京的一个小阳台改造的房间里凑合过了一夜之后，我又迅速踏上了南下之路。

颠簸了两天一夜后，我终于到达了梦想之地——温州市。叶主任曾交代："出站时打电话，我会安排车辆过来接。"当时，我没想太多，紧张万分地拨通了叶主任办公室的电话，竟然听到了那个熟悉又亲切的声音："你在哪里？我马上让司机过去接你。"

到了温州市广播电视台，发现这里和我无数次在梦里想象的一样豪华气派，和火车上无数次憧憬的一样温馨美好。26层的办公大楼，装修高档的办公区，精巧设计的直播间，同事之间相互致意问好，和谐温馨。在叶主任办公室没坐多久，温州市广播电视台的台长亲自过来嘘寒问暖，让我真正体验到了一次特殊人才的待遇。台长临走时还再三叮咛叶主任，一定要照顾好远道而来的应聘者。

第二天，在复试现场，来自全国各地的十位应聘者一一登台亮相，展示自己的"拿手绝活"。谦虚温和的叶主任，按照之前的承诺，现场为大家报销了食宿路费。经过复试，由于我年龄最小、音色较好、好学踏实，有幸成了十位复试者中进入录用环节的四位之一，一切都和梦想中的一模一样……

在温州市广播电视台实习的半个月时间里，我兴奋地呼吸着这里的每一缕新鲜的空气，体验着实现梦想的激情时刻。然而，十几天的米饭和海鲜，让我脆弱的肠胃受尽了折磨，为了吃一顿向往已久的家乡的面条，我坐公交车绕温州城转了一圈，才找到了一家牛肉面馆。但当拿起筷子兴奋地准备大快朵颐时，却发现面条和这里的菜食一样，都是甜的。甜得让我心里发慌，甜得让我胃里难受。

在饱受痛苦的肠胃折磨之后，我接到了原单位泾川县广播电视局王局长的电话，霎时，我意识到一切梦想的"泡沫"即将破灭。果然，接通电话，王局长先是一顿臭骂，紧接着传达了县领导的指示，"这样的特殊人才绝对不能流失，走可以，不要给办理调动手续"。涉世不深的我被这样的大话唬住了。心想：自己历尽艰辛好不容易才获得的铁饭碗就不能这样丢了呀！以后还有机会。加之饮食上难以适应，所以，我很快就打道回府了。

机会稍纵即逝，好多事情一旦错过将不再。这次追梦之旅的终止，丝毫没有影响我对播音主持事业的热爱。回到原单位，我拼命地工作以填充空虚的心灵，用奋发进取的状态展示永不服输的志气。之后，我也曾参加过烟台、南京的招聘，但均因薪资、调动手续等各种原因而搁浅。

梦圆平凉

　　人一定要有梦想，更要有持续追梦的决心，万一实现了呢！虽然折腾数年，追梦无果，但我跳出泾川、争取进入更大的平台的野心依然深藏。功夫不负有心人。终于，在2005年4月，我看到了平凉电视台的招聘信息，招聘主播一男一女。这样的机会再不能错过，我这样默默鼓励自己。悄悄办理完报名手续，我便开始了紧张的埋头伏案准备。这次选拔共分为初赛、复赛、试播、政审四个环节，在初赛环节，我以男播第二名闯入了复赛。

　　复赛是在一个星期天的9点举行，位于平凉中心城区石家巷的广电局二楼会议室，被确定为备考区。进入会议室，我便看到了从初赛中脱颖而出的20位选手。女生个个打扮得花枝招展，漂亮极了；男生个个挺拔精神，帅气有型。没有家人陪同、没有华丽的服饰和得体的妆容，我有的只是自己悄悄装在包里的一条领带。目之所及和与其他参赛者之间的落差，让我内心升腾起一种莫名的悲伤和自卑感，甚至产生了找个角落大哭一场的想法……

　　海明威说："人可以被摧毁，但不可以被打败。"精神的力量是可贵的，更是强大的。经过一番自我安慰和鼓动，我终于打起精神，自信地走入了考场。说起这样的转变，要感谢自己挚爱的播音主持艺术，因为追梦就是一个精神不断蜕变的过程，更要感谢自己的心理学老师。

考场的比赛进行得比较顺利，因为各个环节都是自己熟悉的内容。无论是新闻播报、模拟主持，还是才艺展示，我总体觉得发挥出了自己80%的才能。

等待结果是一个漫长而痛苦的过程。心里总会浮想出无数个可能出现的结果。好在复赛结果很快就公布了。我欣喜地在榜单上看到了自己的名字，总分排名位列第一，终于可以舒一口气了。

接下来的两个月是试播环节，漫长而充实。由于我在平凉没有住处，我基本上早上坐车到平凉，晚上又乘车回泾川。这样的奔波，让我很不安。好在我对工作轻车熟路，赢得了各位前辈老师的鼓励和肯定！这是在试播期间唯一可以慰藉我躁乱的心情的理由。

终于熬到了试播期结束，那是一个周五的上午，平凉电视台召开了招聘工作推进会，参加试播的8位试播人员悉数到场，听局办公室的马主任说，最终录用的两位人选已敲定。焦躁不安的我们等待着结果的宣布，让我们感到意外的是，领导先是一个个点评，对我们大为赞扬，而第一个被点评的竟然是我。我暗自窃喜，这次我是不是被录用了？不然领导也不会穷尽其词地夸赞。也许是自己不谙世事太肤浅，也许这就是所谓的领导艺术，最终结果与我们想象的恰好相反，得到领导大力称赞的6位试播人员领到了"被聘为平凉电视台特邀主持人"的聘书，而没有被表扬的两位正是被录用人员。

听到这个结果，好几个女生哭成了泪人，因为试播期间大家为此付出得太多了，每天毕恭毕敬守点守时地上班，自掏腰包做造型化妆，尽心竭力换来的只有这一通虚伪的表扬和无情的"淘汰"。相互安慰鼓励了近半个小时后，大家不约而同地把话题转向了我。"你不是播音播得最多吗？领导、老师对你的印象都特别好，评价很高，大家都说你一定会被录取。你为什么和我们一样被淘汰了呢？"一句句专门针对我的询问，就像炙热的朝阳将我的脸烤得通红，准确地说，应该是羞得通红。我沉默不语，心想：我哪里知道？此时，我比你们还委屈。

听了大家对我表示的同情和鼓励，心想，也许上天注定要成功必遭重挫。但无论如何，此时我必须面对现实。我灰溜溜地回到原单位，再也没有了澎湃的激情，有的只是遭受重挫后以蜷缩姿态聊以慰藉身心的自我保护。经过好长时间的休整，我受伤的心灵才渐渐平复。

既然不是因为自己能力欠缺而落选，那么我绝不认命。于是，我又开始了自虐式的疯狂"补课"，连播小说，出外联合采访、写稿、播音、编辑，各个工种广泛涉猎，每个岗位积极尝试，不仅让自己在那段时间的工作学习格外充实，还为自己赢得了众多专业的奖项和荣誉，更重要的是，用自己的努力在业界证明了自己的实力和水平。

在悄无声息地奋斗了两年之后，我又迎来了人生新的抉择。因为对于之前招聘的男播，平凉电视台领导不是很满意，所以，在 2007 年 8 月，又发布了一份面向全国的招聘启事。再次面对机会，我没有了之前的积极踊跃，反而多了顾虑和彷徨。有同事建议说："还是别去了，因为你去了也是白瞎，不可能录用你！因为一旦录用你，就等于承认了上次招录工作的失败。"我的专业的领路人——泾川广播电视台的李台长，强烈建议我再试一次，并专门到我的宿舍做思想工作，"有梦想一定要奋力去追，这可能是你最后一次机会，努力了就算考不上也不丢人，因为至少你努力了，但如果不尝试那就失去了这次机会，你可能会后悔终生。我看好你，加油！"

带着恩人的期待和不服输的倔强，我又一次踏上了应聘之旅。思路决定眼光，心态决定成败。也许是自我安慰和老师的鼓励让我从自卑自负中渐渐地走了出来，再次面对熟悉的领导和经常鼓励我的同事，我从他们眼神中、话语间感受到的是：你终于来了，你一定会成功。这种无形的心理暗示给了我巨大的精神支撑，有了输得起、放得下的心态，在大家鼓励的眼神中，我游刃有余地在熟悉的赛程中过关斩将，毫无悬念地闯入了最后的试播环节。

经过几个月的试播，又进入了煎熬的决定环节。记得最后一次开会决定，是通过面试打分的形式进行的，地点选在了中国人民银行平凉市分行五楼会议室。为了确保结果公平公正，评委组由市委常委、宣传部王部长亲自挂帅，邀请了社会各界专家、人大代表、政协委员等 30 多人组成评审组。这样的阵势，让参加面试的选手个个紧张万分，而我反倒轻松了很多，从上次参赛的经验来看，越是公平公正对我越有利。

果不其然，就在参加完面试后的两个小时，接到了台里的通知，让我暂时留在平凉，等候进一步的通知。我悄悄地问了一句："马主任，我是不是被录取了？"对方只回了一句："祝贺你！"瞬间，我泪流满面，不仅是因为多年的努力终于有了像样的结果，更是因为积攒了多年的委屈得到了彻底释放。我任凭眼泪流淌，任由思绪回旋。因为我不敢肯定，这是不是又一次乌龙。

一个小时后，被通知到台长办公室开会，我悬着的心才终于放下了，因为被录取已经是铁板钉钉了。当牛台长说了一句"祝贺大家！小袁很不容易"时，我又一次被真情感动了。这也证明了我之前的心理暗示和自我感觉良好是对的，领导和同事们对我的鼓励与肯定也是真的。

扎根平凉的奋斗之路

2008 年 1 月，正式办理了调动手续，我开启了从泾川跳跃至平凉的从业之旅。相比以前，平凉台的领导和同事特别照顾我们，工作学习上关心帮助，生活上体贴入微。记得刚到平凉，我没有住处，同事们四处帮我打听租房信息，泾川籍老乡——广告部梁主任，还特意腾出了自己的办公室让我暂住。能遇到这样的好同事，又从事着自己喜欢的工作，没有了烦人琐碎事件的干扰，感觉自己像掉进了蜜罐一般幸福。

进入新单位，仅靠同事的关心，是无法树立自己的专业地位的。所以，我开始认真钻研业务，虚心向老师们请教，经过一段时间，我感觉又找到了师范上学期间初次接触播音主持专业时的兴奋和好学上进的状态。新闻播音、外出采访、专题配音、栏目主持、广告配音，各个领域广泛涉猎，多个工种齐抓并进。同事们也总是鼓励说，我是他们见过的最谦虚、最有能力的新同事。当然，我内心非常清楚，这是大家以宽容的心态在给予我奋进的力量。

初到平凉台，我接受的第一个大任务，就是主持第一届"感动平凉"人物颁奖晚会，晚会的总导演是一个文化公司的柳总，他个子不高，却很是气派，说话时中气十足。让我感到意外的是，晚会的导演不是电视台的职工，主持人一共是四位，而来自电视台的只有我一个，而且，培训晚会主持人这种本应是电视台的工作，却让分管市领导安排给了报社。台领导找我谈话，说："你应该能感受得到，领导对于我们电视台的主持人不怎么看好，你一定要好好努力，给咱们台里争口气。"

带着领导的嘱托，也带着自己到新单位树立起新形象的新期待，我认真地接受培训、参加学习，不断提升自己的主持水准。由于是从泾川刚到平凉，没有太多主持大型活动的经验，加之平时不注意穿着仪表，导演让报社的老师从走姿开始训练，准备给我来一个脱胎换骨的颠覆式培训。虽然说这对我来说是一个很难得的提升机会，但倔强的我心里却很别扭，极不情愿地按部就班地进行着不太专业的训练。不知是导演看出了我的心思，还是来了新的思路，忽然叫停了这种没有多大实际意义的培训。导演让全体工作人员坐在一起，对一下晚会流程。在此过程中，比较有个性的柳导，不愿意按照之前的固有模式布设流程，他不喜欢用之前的"接下来请欣赏某某节目"的主持语，而更倾向用一句贴切的语句引出节目。前三个节目的主持词是晚会的总撰稿——平凉日报社的秦老师现场修改的，而到第四个节目的时候，秦老师提出的两个方案都被柳导否决了，就在大家面面相觑、一筹莫展之际，我突然来了灵感，怯怯地对大家说："各位老师，这里把主持词改成'感人故事催人泪下，精神力量永续传承。听完刘霞的动情讲述，我们不禁为她的奉献精神所折服，更感受到了她深藏心间、支撑她永续前行的伟大精神力量'，可以吗？"接下来的节目是舞蹈《精神力量》，脱口而出的主持词，让在座的所有人很是惊讶！导演停顿三秒后说："好，小袁说的这个很贴切，就用这个。"第一次改词得到了大家肯定后，后续几段我更来了精神，提出的建议也陆续被导演组采纳。成功的改词经历，不仅让导演把对我的称呼，从之前的"电视台的主持人"改成了"小袁"，后来甚至直接亲切地称

"海明"，而且，所有见证我改词的老师们，也渐渐收起了怀疑的眼神。

认可很难得，偏见很可怕。虽然我的努力得到了晚会主创人员的肯定，但大多数人还保持着以前对电视台主持人的偏见，不断地提醒督促着我们"进步"。比如，第二次在广成大酒店二楼大厅彩排时，喜欢穿休闲服的我，穿了一条牛仔裤上台串场，结束后一位参与节目审查的"专家"提出的意见，竟是让我下次把裤子前面熨出棱角，在旁边人的哄笑声中，同台主持的搭档解释道："这是牛仔裤，熨不出棱角，正式主持的时候，不会穿这种服装。"这位"专家"才尴尬收场。诸如此类不切实际的甚至可笑的"指导"还有很多。

说实话，参与排练的这几天很熬人。好在演出日期越来越近，在大家的鼓励和指导下，我努力练习着每一段台词、每一个动作，生怕正式演出时出任何纰漏。因为这次活动级别很高，不仅市里主要领导全部出席，而且各县（区）、驻平各单位的主要领导将全部莅临指导。这次主持是我第一次在平凉所有的领导面前的大亮相，所以，自己的压力可想而知。

正式演出是在平凉五星级酒店广成大酒店二楼大厅举行，现场布置豪华庄重，气氛热烈。让我意外的是，正式开始之前，我们的一把手局长兼台长还特意来到后台给我打气，他对我的这次表现寄予了厚望。我能体会得到他多么希望我这个新人能用出色的能力扭转大家对电视台的偏见。

开幕的三声钟响之后，四位主持人伴随着庄重激昂的上场音乐闪亮登台，一切如大家所愿顺利地推进，各环节配合紧密。然而，就在邀请第二名嘉宾上场的时候，意外出现了。本来是先邀请嘉宾上场，然后一起看介绍她事迹的短片，而那个一直被大家看好的女主持，却抢了台词儿："我们一起来看乡村教师刘霞的感人事迹。"等暗场我们主持人退到候场区时，柳导满头大汗地飞驰过来对之前她最信任的这位女主持吼道："你这样让我们后面怎么进行？程序整个就乱了。"因为脚本都是之前多次磨合好的，主持人程序一乱，后面放PPT和大屏的人，就无法正常操作了。对于整个晚会来说，这是致命一击。几秒钟后，导演迅速把目光转向了我，说："海明，我相信你的能力，赶紧上去救场。""我不行吧？""以你改稿的能力，绝对可以"。"后面的就靠你了。"因为短片只有三分钟，不由分说，他就一把就把我推上了舞台。这时，我只能故作镇定，脑海中迅速回旋着救场的思路。"人们都说，教师是太阳底下最光辉的职业，在刚才的短片当中，我们看到了，对于这些山村的孩子来说，刘霞老师就是他们童年学习生活中最温暖的一道阳光。下面，让我们以最热烈的掌声，有请带给孩子们爱与阳光的刘霞老师上场。"之前的案头准备终于用上了，我充满激情的话音刚落，现场就响起了雷鸣般的掌声。我能听得到，之前一直肃静的侧台候场区掌声异常热烈，我知道，这掌声一半是因为观众被刘霞老师的事迹所感染，而另一半是对我及时救场的肯定和赞许。有了赞许的掌声，有了成功的救场，接下来的采访我更加自如，状态更加放松，效果自然不错！第一次盛大亮相，我在成功救场中展示了能力，达到了领导和同事们期待的效果。

活动刚一结束，我们的局长、台长们，就已经面带笑容地前来向我祝贺了。我心里明白，领导们不仅在祝贺我的成功展示，更由衷地为他们选对了人而高兴，为我扭转了人们对电视台的偏见而兴奋。让我更惊讶的是，活动结束的第三天，市委常委、宣传部王部长专门设宴感谢所有的主创人员，饭桌上不仅把我的位置调到了我们台长的旁边，更是不吝夸赞之词，大加赞赏。"小袁这个孩子，关键时刻还是能拉得出、顶得上的，说明我们这次招考没有选错人啊！"紧接着，导演、总撰稿、舞台监督都开始向我敬酒，表示祝贺。当晚，我享受到了前所未有的高光时刻，由于过于兴奋，局长喝高了，散了宴席还拉着我和放 PPT 的网信办的张科长到他的办公室观看晚会录像，他嘴里念叨得最多的是："小袁这个娃攒劲，咱们这次招考人选得准啊！"这种超高规格的肯定和赞许，为我今后自信地发挥水准奠定了坚实的基础。

我一直认为，自己的运气很不错，就好像冥冥之中一直有人在帮我一样。这次的超常发挥，如果没有别人的失误，就不可能有凸显我能力的机会。所以，我一直相信一句话："机会始终青睐有准备的头脑。"为了自己的梦想，我也在时刻准备着。有了第一次的成功亮相，在接下来的"一把手走进直播间""柳湖诗会",和第二届、第三、四、五《"感动平凉"道德模范颁奖晚会等众多大型活动上,我不仅成为了市领导指名的主持人,而且主持得越来越得心应手。事实上,在这些全市性的大型活动主持中,最能让我提起兴趣的,便是修改台词儿和临时救场。

我在主持舞台上崭露头角,而在业务学习上也是快马加鞭。平时的工作,除了播报《平凉新闻》,主持《记者观察》等栏目外,最有意思也最能锻炼人的就是出外采访了。

脚下沾满多少泥土,心中就沉淀多少真情。当采访一个个真实事件,当面对一个个憨厚实在的老乡,当看到一片片自己熟悉的肥沃土地,当用心讲述属于这个时代的一个个动人的故事时,被称为"无冕之王"的我们,内心还是激动的,激情还是火热的。调到平凉的两三年,我跟着专题部的张主任等前辈,几乎跑遍了全市的乡镇村社、沟沟峁峁。全市的主导产业聚集区、各县的特色经济发展地、大型厂矿企业、农村的田间地头,几乎都留下了我们奔波的身影。

涤荡心灵的采访历程

有一天,我突然接到了老家邻村的一个大哥打来的求助电话,说是大哥,其实年龄和我的父亲相仿,只是按辈分,我称其为大哥。这位大哥自打我记事起就坐着轮椅,见到他时，不是与人闲聊，就是乐呵呵地大笑。在村里人的印象中，他思想前卫独特，性格耿直爽朗，好像从来没有烦心事。听爸爸说，这位大哥以前是电力工人，在栽电线杆的过程中，电线杆倾倒砸中了大哥的双腿，导致双下肢残疾。这样说起来，人家还是退休工人呢，所以，在我小的时候，这位大哥是我们敬畏和羡慕的对象。自从我工作以后，我俩有十几年不见面了，突然接到他的电话，我很是意外，聊了几句后，大哥带着哭腔说出了他的想法："自从自己瘫痪后，三十几年的时间里，一直是妻子奔前忙后地伺候护理，有时候由于自己心烦甚至动手打过妻子，尤其是近来病情加重，心情更加郁闷。但回想这一生，最对不起的就是妻子。不但没有给她带来理想的生活，还成了累赘似的让妻子操心伺候。所以，在有生之年，有一个想法，就是通过媒体，表达一下自己对妻子的歉意和感谢……"

由于情绪激动，大哥几度哽咽。接到这一通电话，我心情极其沉重，因为这不仅颠覆了我对他的印象，更让我感到了自己责任重大。思忖片刻，我将此事及时汇报了台领导。经过我的详细解释，领导认为，这个题材感人至深，应该好好挖掘。所以，就安排了两组人马前往我的老家深入采访。

面对镜头，大哥情绪几度失控。一边控诉着命运的不公，一边啜泣着表达了对妻子深深的感谢和歉意。这是我第一次目睹一个硬汉子的崩溃时刻，也是我第一次感受到印象中刚强挺立的大哥竟然有这么多的委屈和懊恼。而在一旁的嫂子，表情木讷呆滞。也许是因为她已经哭干了眼泪，也许是因为她对这一切已经习以为常了。据嫂子说，由于大哥每天服药需要一定的费用支出，两个儿子先后出门打工，大儿子因为哮喘复发回家，雪上加霜的是，大儿子由于病情恶化于前年不幸去世，二儿子面对负债累累、多灾多难的家庭，思想上不堪重负，至今杳无音信。嫂子平静地讲述着："你哥这几天病情越来越严重了，可能进入了最疼的晚期了，有时候疼得大喊大叫。唉……"说着，嫂子又抹了一把眼泪。

我边采访边流泪，现场的气氛悲惨沉重。经过一个早上，采访拍摄终于圆满结束。在返回单位的路上，参与采访的几个同事个个表情凝重。

真情是灵感最好的催化剂。有了这样鲜活的素材，亲历了穿透灵魂、涤荡心灵的现场采访，创作节目可以说是水到渠成。当一篇饱蘸真情笔墨的感人栏目稿件创作完成后，大家迅速投入制作，两天后，一期感人至深的节目《爱的奉献》按时播出，领导、观众、同事纷纷给予肯定和赞扬。出于帮大哥完成心愿的考虑，我向单位申请专门刻了两张光盘送给大哥和嫂子。拿到光盘，大哥很是欣慰，拉着我的手说："海明，你帮我完成了人生的最后一个心愿。谢谢你，兄弟！"我顿时难过极了。看到大哥欣慰的表情和久违的笑容，我深深感受到了作为一名记者的光荣使命和神圣职责。在出门的瞬间，我下定决心：以后一定要认真采访、不辱使命。

就在我送完光盘的第二周，大哥走了。葬礼上，他多年未归的小儿子闻讯赶了回来，由于路途遥远，未能见到父亲最后一面，唯一能给他带来父亲信息的就是我送的光盘。看完节目，小儿子泣不成声，这也是他有生以来第一次听到父亲的心里话。这个节目获得了当年的平凉市广播影视一等奖、甘肃省广播影视二等奖。

这次经历让我深刻感受到了记者职业的神圣和伟大，也更加坚定了做一名合格记者的决心和信心。

在众多的采访当中，让我记忆犹新的另一次，则是采访被评为"全国孝老爱亲道德模范"的张晓。第一次见面时，张晓给我的印象至今难忘，他小小的个子，瘦削的身材，但眼神里却透着坚毅。从小和妈妈相依为命的张晓，在邻居们的眼中性格孤僻怪异，但提起妈妈的爱，他的眼神会透着光。

由于病情严重，妈妈常年卧床。张晓一边上小学，一边照顾妈妈。别看他年龄小，所有的家务他一个人承担，但是他从来不喊累不喊苦，而且样样做得周到细致。洗衣服、做饭、打扫卫生、给妈妈熬药、喂药，他样样都行。

记得第一次采访张晓时，推开低矮的房门，在简陋却干净的小屋里，一个身材瘦削的小男孩由于够不到案板，脚踩小板凳有模有样地在妈妈的指导下擀面，昏暗的灯光下，母子俩时断时续地交谈，画面感人极了！看见我们进屋，小男孩怯生生地看着我们，问："哥哥，你们是？""你是张晓吧？你真棒！我们来采访你。"在简单的交谈之后，我们就开始拍摄了。"哥哥，你还是采访别人吧，我们家拍出来不好看。"

"房子虽然不是最好的，但是这座房子里却住着拥有金子般心灵的男孩。所以，我们要好好地采访这个男孩。""哥哥见笑了，妈妈是世界上我唯一的亲人了。可是我能力有限，不能更好地照顾她……"交谈了几句，张晓已经满含热泪，委屈地哭了。

就这样，在自然的交谈中，我们完成了一条新闻的部分拍摄。第二天，我们又到张晓所在的学校进行了采访，看到电视台来拍摄，有些同学眼里还充满着惊讶，因为平时不露声色的张晓，根本没有向老师和同学们透露任何关于他的家庭的情况。当我们的第一条报道播出后，社会反响非常强烈，随着第二条、第三条和专题节目的推出，全市的爱心力量被调动起来了：爱心人士给他捐赠了衣服，学校为他专门腾了一间房子以方便照顾妈妈，平凉专院为张晓母亲住院设置了绿色通道，还有爱心企业专门找到张晓结对帮扶……

随着节目的滚动播出和不断传播，报道效应逐渐扩大，报道级别不断提高。甘肃电视台、甘肃日报社、中国教育电视台、中国青年报社、中央电视台、人民日报社、新华社等各级媒体纷至沓来，纷纷报道这位背着妈妈上学的阳光男孩。

随着一篇篇报道的刊发播出，一个背负苦难却坚强前行的小男孩，逐渐被大众所熟知，张晓先后被推选为感动平凉人物、陇人骄子、感动甘肃人物，还登上了全国孝老爱亲道德模范的领奖台。

一次采访，不仅意味着一个真实事件的传播，更是一次心灵的救赎。一篇报道，不仅意味着自己完成了一份工作任务，更能成为影响一个人命运的"王牌"。于是，我愈发觉得，作为记者应该胸怀天下之德、肩扛道义之剑，妙手著华章，传播正能量。

民生节目的探索之路

民生无小事，为了更好地顺应媒体发展趋势，平凉电视台决定开设一档民生节目。在张主任的带领下，我们先后赴《兰州零距离》《直播天水》等省内优秀民生节目所在地考察取经。经过现场参观、综合商议，最后领导决定，在《平凉新闻》中开设《社会广角》栏目先行试点，开启了平凉新闻宣传重心转向民生的新纪元。

从第一条曝光某小区环境卫生脏乱差的民生新闻在《社会广角》播出开始，我就喜欢上了这样的新闻报道方式和播报语气，因为我觉得这样的节目才能真正体现新闻的本真，才更符合新闻的人民性、大众性。从简单的曝光新闻到揭露假恶丑的深度报道，再到凸显本台观点立场的评论，一路前行，一路探索，《社会广角》不仅成了《平凉新闻》里收视率和关注度最高、火药味最浓烈、群众最爱看的亮点节目，更成了平凉新闻界改革的一缕春风，一度成了大家争相投稿、展现能力水平的业务高地。

在变革中成长，在奋进中收获。新的节目新的气象，新的努力新的收获。在新栏目的影响带动下，同事们顶烈日、冒酷暑，深入农家小院、厂矿企业、扰民洗车场、无照黑网吧、恶臭黑作坊采写了一批带露珠、冒热气儿的民生新闻，得到了业界和广大受众的一致好评。其中，我参与采访的《李晖：昔日高考状元 回乡务果带富乡亲》《擦玻璃的人：用辛勤劳动多挣些过年钱》《都是垃圾"惹的货"》《百叶毛肚加工黑作坊与垃圾苍蝇为伍 厕所旁边炼油》《大美平凉》《小馒头蒸出大产业》等多篇作品荣获省、市广播影视一、二等奖。

采访曝光期间，由于触及了一些人的利益，好几个同事都收到了威胁恐吓信息，有的新闻是记者不顾个人安危，冒着生命危险拍摄的关注度很高的曝光新闻，但却被关系后台硬的当事人通过市领导打招呼的方式，要求撤换，还有明明播出，反响应该很好的节目，却被领导无理由地封藏……为此，我们懊恼过，痛苦过，悲伤过，找台领导申诉过，相互安慰过，但最终只能面对现实哀叹！

在痛苦中艰难地前行，新开设的民生节目一直不温不火，苦苦探寻，也没能找到跳出困局的路子，但台领导却看到了人员断层的严重问题。2011年11月，王台长决定进行中层竞选，作为刚进单位只有三年的新人，我压根没想要参与竞选。在台长的再三鼓励下，我才鼓足勇气报了名。"有人说，人这一生最幸福的莫过于从事自己喜欢的职业，我要说，我是那个最幸福的人，因为我不仅从事自己最喜欢的工作，还有一群一直给我温暖的同事……"通过动员报名、竞职演讲、组织研究等程序，我竞选成功，被任命为平凉市广播电视台新闻部专职副主任。

新的岗位，新的职责。以前只是单纯的主持、播音，就任新的岗位后，我不仅要做好之前的播音主持工作，还要负责前期策划、采访安排、审稿校稿、节目审查等工作。

业界遭遇"寒流"

就在工作劲头不断攀升、工作能力不断提高的爬坡奋进阶段，我们遭遇了媒体行业的"最强寒流"。

广播电视受众锐减，支撑台上运转的重要经费来源——广告收入从之前的每年300多万元锐减至60多万元，而且，每年的广告客户还在不断地流失。这对职工总数110人，而自收自支和招聘人员就有70多人的"负担型"单位来说，无疑是雪上加霜。"保运转、保工资、保稳定"，成了每次开会的主旋律。为了保证工作正常开展，台长开始四处"化缘"。

在最困难的时候，王台长甚至抵押了自家的房产为单位贷款，保障正常运行。刚开始，我们分析可能是广告经营策略出了问题，没能很好地适应当前的经济形势和发展环境。但随之而来的状况，让我们意识到了问题的严重性。许多广告大户纷纷不再续约，转而做起了自己的微信账号运营。每年电视台的广告收入从60万元断崖式地下滑到了30万元甚至15万元。

这样的局面，让人不寒而栗，也让人百思不得其解。当"碎片化传播""自媒体时代"这样的字眼逐渐被人们所熟知，我们才深切地感受到是信息的飞速发展颠覆了我们的想象，自媒体时代的到来把传统媒体的发展推到了谷底。"中央电视台、湖南卫视这些曾经的吸金大户，如今广告收入也大幅下滑，所以，一个时代即将结束，新的时代已经势不可挡地到来。我们何去何从？不得不深思了……"王台长忧虑的表情，沉重的话语，让我们不得不重新审视自己喜欢的职业和深爱的单位。

势不可挡的媒体融合大潮

"肯取势者可为人先，能谋势者必有所成。"媒体融合，是一场技术引领的深刻变革，也是一场不容回避的舆论竞争，更是一个面向未来的历史机遇。作为省级主流媒体，早在2018年10月28日，甘肃日报社、甘肃日报报业集团就在省委省政府部署下，在省委宣传部指导下，组建成立甘肃新媒体集团，上线甘肃第一新闻党端——"新甘肃"客户端，在陇原大地先行一步，快人一拍，拉开甘肃省媒体深度融合发展的大幕。

2018 年 12 月，甘肃新媒体集团受命建设甘肃省县级融媒体中心省级技术平台"新甘肃云"。此后，仅用 3 个月时间，即在全国率先建成省级技术平台。

随着风起云涌的媒体融合大潮的不断推进，平凉市也迅速展开了县级媒体融合工作。2019 年 1 月 26 日，崆峒区融媒体中心率先挂牌成立，成为平凉市成立的首家融媒体中心。随后，崇信、灵台、泾川、华亭融媒体中心纷纷成立，3 月 29 日，庄浪和静宁两县融媒体中心挂牌，至此，平凉市所有县级融媒体中心全部挂牌，标志着平凉市县级融媒体建设迈出了实质性的一步。

2019 年 12 月，甘肃省 69 个县级融媒体中心全部建成并入驻"新甘肃云"，使全省提前一年完成县级融媒体中心建设任务。

县级融媒体中心由于有项目的支持、有资金的扶持，所以从硬件到软件，从工作环境到设施设备，从人员素质到内容再造上，都有了质的飞跃。为了提升通联工作质量、打通外宣渠道、借鉴先进经验、提高宣传工作水平，平凉市广播电视台先后组织开展了两次媒体大调研活动，我有幸全程参与，先后深入七县、区融媒体中心，通过现场参观、听取介绍、交流座谈等方式，详细了解了县级媒体融合的工作开展情况、遇到的困难问题、工作的设想等。此行我收获颇丰，感慨良多。回来之后，我将自己的所想所感，全部融进了两篇扎实的调研报告之中。这两篇调研报告，曾作为重要参考资料，四上台党组会，多次作为重要资料被传阅借鉴，不仅为我今后工作开展奠定了理论基础和思想基石，而且为动意撰写这部专著铺平了道路。

有人说："市级媒体就像夹心饼干，和绝对权威的中央媒体、实力雄厚的省级媒体不可相提并论，而和在媒体融合大势中先行试点的县级融媒相比，又缺少了有利政策的大力支持。所以，发展步伐已经明显落后。"发展滞后，就决定了步子会越来越慢，思路落伍，则意味着路子会越来越窄。在县级融媒中心成立之后，迫于形势发展的需要，市级媒体也成立了新媒体中心，但没有资金扶持、项目支持，基础设施建设严重滞后，技术人员严重短缺，载体平台非常有限，传播渠道严重受限，导致新媒体业务一直处于有想法没办法、有思路没出路的窘境。所谓的新媒体业务，只是转载转发央媒、省媒的一些新媒体消息，而自产产品只是把以前的传统新闻和栏目进行拆条分发。所以，一段时间，市级媒体无论是传播手段、营销方式、新媒体产品，还是工作思路、营销思维、发展步伐都停滞不前，甚至出现人浮于事，思想退化等严重危机。

媒体融合不仅是大势所趋，更是推动发展之必需，已经到了非融不可、不融则散的境地。带着发展的使命，夹杂着形势所迫的无奈，2022 年 11 月 8 日，平凉日报社和平凉市广播电视台正式合并，组建成立平凉市融媒体中心，并在记者节这天，隆重地举行了揭牌仪式，标志着平凉的市级媒体融合迈出了实质性一步。

媒体融合发展进入深水区、攻坚期，机遇和挑战并存。甘肃市级媒体融合取得新成果。按照"全省一平台、全省一张网、全省一盘棋"的建设思路，从 3 月定西市融媒体中心挂牌成立，到 12 月酒泉市融媒体中心挂牌成立，甘肃省除省会城市以外的 13 个市州融媒体中心已全部完成机构整合并挂牌成立。

融合意味着相融共生，合而有力。媒体融合发展要经过三种形态：从开始的"你就是你，我就是我"，融合到"你中有我，我中有你"，最终达到"你就是我，我就是你"的状态。对此，我们在苦苦探寻，因为，我们对电视新闻爱之深切，甚至用语言无法比拟；对此，我们充满期待，因为，我们始终坚信未来如梦；为此，我们会全力以赴，因为，我们正胸怀梦想，迈着铿锵步伐，矢志不移，踔厉奋发。事实上，面对当前的发展大势，我们也别无选择。

作为新闻事业为生命的媒体人，无论是从行业发展的角度出发，还是从个人情感、人生梦想、发展前景等方面考虑，我们都会带着美好和希冀出发，怀着真切的情感，迈着坚实的步伐，用尽全力向着充满希望的新生奋力前行。

带着感恩勇往直前

泰戈尔曾经说过："火焰能给你光明，但也不要忘记在黑暗里为你执灯的人。"感恩是一种生活态度，感恩父母，感恩家人，感恩朋友，感恩生活……当然，我更要感恩逆境和对手，因为，没有他们就不可能磨砺我们的意志，激发我们的动力和激情。真诚地感恩逆境，它是一次人生的淬火，让我们得到锤炼；它是一个课堂，让我们学会了刻苦、忍耐、淡泊和宽容。

带着梦想埋头前行，一路跌跌撞撞，带着感恩奋勇前进，一路披荆斩棘。回望走过的岁月，回想一件件令人难忘的奋斗故事，回味一个个拼搏的瞬间，我思绪万千，感慨良多！一路走来，需要感谢的人有很多很多。

首先，要感谢给予自己生命的父母，他们含辛茹苦拉扯我长大，倾尽所有培养我成长，他们一生命运多舛，但却给了我最温暖的阳光和最甘甜的雨露。父母小的时候家境贫寒，且在家中都是排行老大，为了照顾弟妹和家人，他们没能走进学堂，虽然大字不识一个，但却给我取了如此富有诗意的名字——海明，源于"海上生明月，天涯共此时"。虽然父亲在卧床十几年后，如今已经远在天堂，但在我的内心，却依然是"海内存知己，天涯若比邻"。

　　我一直认为，自己是一个幸运的人。不仅是因为每次遇到困难总会有人相帮，而且在工作中能遇到视我为朋友、待我如知己的良师益友，关键时刻总会有好心人推我一把、送我一程。上学时，学费不够，远房亲戚马上送来了自己的积蓄；工作分配时，大哥及舅舅雪中送炭，全力相帮；工作后，要感谢的人就更多了。

　　回想这一个个恩人的名字，回眸这一段段难忘的岁月，我的心中充满了温暖和力量。感恩前行，革新重生。在媒体融合的大潮中，我将带着祝福和期待，带着希冀和梦想，带着感恩和荣光，继续踔厉奋发，勇毅前行。

　　由于才疏学浅、视野不宽、能力有限，本专著还有很多不足之处，敬请批评指正！在此，对在本专著撰写、审稿、出版过程中给予我鼎力相助的各界人士，一并表示衷心的感谢！

　　是为序！

2023. 6. 20

目 录

第一章　中国电视新闻发展历程

第二章　简述融媒体

第六章　融媒体时代电视新闻节目的创新方法

第七章　融媒体时代电视新闻节目案例分析及转型发展

附　录

中国电视新闻发展历程

第一节　总论电视新闻节目

一、电视的诞生及发展

　　1924 年，英国人贝尔德发明了最原始的电视机，他以电为介质，传输并接收了一个"十"字图形。1925 年，他用尼普科夫的科研成果完成了新的实验，第一次成功地在电视上清晰地显现了一个人的头像。1926 年，他在伦敦召开新闻发布会，展示了第一台真正实用的电视播放和接收设备，代表了电视机的真正诞生，他也因此被称为"电视之父"。1927 年，美国的贝尔实验室进行从纽约到华盛顿的电视播出与收看实验。到 1939 年，英国已经有超过两万个家庭拥有了电视机。"二战"后的 1946 年，英国广播公司恢复了固定时段的电视节目，1949 年，美国已经有了一千多万台电视，并有数百家电视台在播放电视节目。从 1949 年开始，欧洲各国，如法国、荷兰、比利时等也拥有了电视台。我国则于 1958 年建立了自己的电视台。

　　电视机诞生初期，被称为机械电视机，视频播放及接收比较烦琐，且电视机体积庞大，重量惊人。之后才出现了采用阴极射线管技术的电视机，即 CRT 电视机，这一技术一直沿用到 20 世纪 90 年代，CRT 技术的巅峰代表作是 38 英寸的平面直角彩色电视机，但是其体积仍然庞大，尤其是屏幕后方纵深很长，以解决显像管的长度问题和散热问题。为了解决这些问题，科学家不懈努力，又发明了背投电视和等离子电视。背投电视体积依然庞大，主要在20世纪90年代供学校教学使用，很少进入家庭，其原理接近现在的投影技术。

之后，等离子电视进入了人们的视野，诞生于20世纪90年代末期，其原理是通电形成电压，利用荧光粉进行图像呈现，等离子技术是一项被小看的技术，其能够主动发光的特性，在颜色的呈现上甚至好于后来的液晶电视，但由于日本一些技术企业的技术封锁及故步自封，再加上其高能耗、高发热等缺点，很快也被淘汰。但在我国，那时也有千万级的销售量。

21世纪，液晶电视开始走向市场。液晶电视应用的是我们熟知的LCD技术。液晶技术最早并不是应用于电视上，而是日本手表厂商用以和瑞士手表厂商竞争的技术，日本企业用液晶技术生产的电子表，一时间风靡全球，之后夏普、索尼等企业又将液晶技术推广到计算器、计算机显示屏等领域，在获得成功和收益的同时，也加速了液晶技术的发展。

液晶电视经过21世纪第一个10年的发展，迅速占领了世界电视机市场，但技术并没有停止发展。经过电视厂商的努力，LED电视出现了，其相较于LCD技术，其功耗更低，发热更少，寿命更长，电视体积也更为轻薄，由于这些优点，LED电视迅速占领了市场，目前已成为电视机市场的绝对主流。

随着 LED 技术的进一步发展，又出现了 OLED 电视，其具有和等离子电视一样的优点——自身可发光，与液晶电视需要背光的要求不同，其自身发光的技术大大增强了色彩的还原能力，使得图像更加贴近现实，有更为绚丽的效果。当然，以上说的只是电视的成像核心技术，随着我国制造业和高新产业的发展，现在我国大多数家庭用上了智能电视。智能电视将计算机技术与电视技术相融合，可以很好地适应 IPTV、网络技术的需要。电视从原来的电视节目接收设备变成了网络技术呈现设备，屏幕也越来越大，同时出现了可升降电视、卷轴电视及曲屏电视等，相信随着技术的进一步发展，电视还会有更新的发展，甚至其形态都有可能改变，如可穿戴电视等，但是其以成像技术为核心的技术属性不会变。

二、电视新闻的产生及发展

电视的出现是大众传播媒介领域的重大革命，也是人类信息传播史上的一次重要变革。1936 年，英国广播公司（BBC）在伦敦的亚历山大宫播出了历史上第一次固定时间的电视节目，尽管我们不知道当时播放了什么节目，但是这一事件标志着电视事业的诞生，也掀开了世界新闻史新的一页。

从世界范围看，英美的电视新闻事业发展较快，是这一行业的推动者。二十世纪四五十年代，美国电视节目开始起步。1940 年，美国全国广播公司（NBC）第一次试播《电视新闻记者》节目，节目用风琴演奏的音乐作为背景，新闻内容以文字的形式播出，并以相关的图标辅助阅读。1947 年，该公司又推出美国四大电视网中最早创办的周末新闻访谈节目《会见新闻界》。1952 年，哥伦比亚广播公司（CBS）推出了《道格拉斯·爱德华兹新闻》节目，每次节目可以播放 10 条左右的新闻。

1953 年，哥伦比亚广播公司的《面对面》节目播出，是目前人物专访节目的开端。

进入 20 世纪 60 年代，随着通信卫星的上天和新闻采集系统的出现，美国电视新闻节目有了质的飞跃。当时新闻节目主要聚焦于政治，如电视辩论节目。1960 年 9 月，哥伦比亚广播公司成功直播了尼克松和肯尼迪的总统竞选辩论，这也是电视新闻史上第一次总统竞选辩论直播。

1968 年哥伦比亚广播公司的《60 分钟》节目播出，节目采取杂志型编排模式，集合了节目导视、深度报道和新闻评论等内容，并成功地在节目中插入了广告，被称为"美国杂志型电视新闻节目的鼻祖"。

1980 年，美国有线电视新闻网（CNN）创立，开始 24 小时新闻播放，同时以现场直播的方式大量报道实时新闻，成功报道了多次突发事件，开创了电视新闻直播事业的先河。在这之后，美国各个电视台（主要为四大电视网）新闻事业欣欣向荣，蓬勃发展，成为当时新闻传播的主要渠道，除了新闻直播，还有各种类型的访问节目、深度采访等。

进入 21 世纪后，随着网络技术的迅速发展，美国电视新闻在新闻报道中所占比重有所下降，但是由于其全盛时期吸引了大量新闻人才，远非自媒体所能比，再加上新闻行业自身的优势，如所报道新闻的深度、广度及连续性，目前美国电视新闻仍是新闻行业的主要渠道。

英国的电视新闻事业的发展与美国时间点接近，比较特殊的有 1937 年，英国广播公司转播了英国国王乔治六世的加冕典礼，是早期的实况转播，该公司同年 6 月直播了女王伊丽莎白二世的加冕典礼。在这之后的加冕典礼播出，远在 80 多年后的 2022 年。

第二节　电视新闻节目的
相关概念及特征

一、电视新闻节目的定义

电视新闻节目是以现代电子技术为传播手段，以声音、画面为传播符号，对新近或正在发生的事实的报道。① 在这个定义里，采取了共性和个性相结合的方式。"以现代电子技术为传播手段，以声音、画面为传播符号"，区分了电视新闻与报纸、广播、新闻电影的不同的个性。前一句说明电视新闻与广播一样，同属电子媒介，以区分与印刷媒介的不同。后一句是在电子媒介中区别它和广播的不同。广播是以声音为传播符号，电视则是以声音和画面、视听双通道来传播信息。正是这一独特的传播符号使电视新闻具有个性化的传播特点与优势。② 狭义的电视新闻，多指《新闻联播》《甘肃新闻》等以传播消息为主的新闻报道。广义的电视新闻，指电

---

① 杨伟光．电视新闻分类与界定［M］．北京：中国广播与电视出版社，1994.
② 张斌，王玉玮．电视新闻生产［M］．上海：上海交通大学出版社，2015.

视台所播放的所有信息类节目的总称。

二、电视新闻节目的分类

电视新闻节目的专业性很强，其分类主要有会议式电视新闻、人物式电视新闻、电视口播新闻（包括只有文字的口播新闻、配有照片的口播新闻、配有资料的口播新闻）、电视新闻纪录片、电视实况转播、电视新闻直播、电视评论等。按照体裁分类，电视新闻节目可以分为消息类新闻节目、专题类新闻节目（包括后续跟踪报道和连续报道）、评论类新闻节目、谈话类新闻节目、新闻现场直播报道。按照题材分类，可以分为时政新闻、经济新闻、社会新闻、文体新闻等。按照性质分类，其又可分为突发新闻、预知新闻（预约报道）、独家新闻、共有新闻、硬新闻和软新闻。

在按照性质分类中，突发新闻是指突然发生并具有报道价值的新闻事件，其在发生前无迹可寻，报道难度最大，且此类新闻事件一般带有较大的影响力或者破坏力，一定要妥善处理，如一些不可抗力事件（地震、洪涝灾害等）和一些重大犯罪案件等。预知新闻则主要是指一些重要会议、活动、公告等，这类新闻是记者在采访前就已经知道时间、地点、人物、活动等的事件。独家新闻是一些大型新闻机构工作人员自行采集的具有重大影响力和新闻价值的新闻，如半岛电视台经常推出一些对敏感人物的专访活动，就属于独家新闻。共有新闻指的是国家通讯社或一些大型新闻机构向大众传播媒介提供的新闻，如我国新华社授权电视台发布的新闻等。硬新闻是关系到国计民生和人们的切身利益，具有较强的思想性、指导性的新闻。它主要包括：党和国家重大方针政策的制定、实施和修改，重大的党务、国务、政务活动，重大科技发明，时局变化，各地的新情况、新经验、新成就、新问题以及市场行情、流行性疾病、自然灾害，等等。这类新闻直接或间接地对人们的政治、经济、文化和日常生活发生影响，是人们了解世界、决策行动的重要依据之一。它的时效性较强，报道要求迅速及时。但由于其文笔庄重，格式较为固定，内容比较严肃，阅读时，需更加集中注意力。[1] 人情味较浓的社会新闻（社会花边新闻、娱乐新闻、体育新闻、服务性新闻等），形式上通俗，注重趣味性。它没有明确的时间界定，多属于延缓性新闻，无时间的紧迫性。它和人们的切身利益无多大关系，为受众提供娱乐，开阔眼界，增长知识，陶冶情操。它主要出现在大众化通俗报纸。人们一般在硬新闻上的需求获得满足后才需要软新闻。[2]

---

[1] 刘建明，王泰玄，等. 宣传舆论学大辞典 [N]. 经济日报出版社，1993 – 03.

[2] 唐洪波. 浅析"软新闻"报道"真实性"的几种变异 [J]. 湖南大众传媒技术学院学报，2003（3）.

三、电视新闻节目的特征

1. 真实性

新闻报道必须以事实为依据，不能凭空杜撰或者随意捏造。电视新闻节目作为新闻传播的一个分支，必然也要遵守这一原则。真实是新闻报道的生命线，如果为了收视率或流量而扭曲或夸大事实，是要受到法律的制裁的。尤其在现在这个高度发达的信息世界中，每天我们都可以从广播、电视、网络上看到众多的新闻和消息，这里面有些信息甚至影响到了我们对人生的决策。新闻的真实性会影响到众多人的选择，新闻报道一旦失真，就会失去公众的信任，甚至引发公众的严厉指责，新闻报道也就失去了生命力。

2. 选择性

世界很大，每天世界上发生的事数不胜数，但不是每件事都能作为新闻报道的内容，要选择重要的、有新闻价值的事件进行报道。新闻报道内容的重要性，首先，体现在政治方面，电视台等新闻报道机构的根本性质是党的喉舌，一定要注重意识形态上的绝对正确，一定要与党中央保持一致。其次，体现在公众关心的事件。这些事件之所以被群众所关注，是因为其与人民利益息息相关，关系到广大家庭及个人，是社会关注的热点问题。最后，体现在重点人物的选择上，如对于政府决策的报道，政府的相关领导肯定比一般市民更权威；对于医学问题的报道，相关医学专家肯定比一个护士更有发言权；对于物价问题，专业市场调查部门的数据肯定比买菜大妈更有话说。

3. 及时性

从"新闻"二字的组成上分析，"新"代表最新发生，"闻"即事件。从这两个字来看，新闻报道的及时性就显得十分重要了。比如，城市中机动车限号的新闻发布如果不及时，就会造成大批民众因此受罚，会引起不必要的争议。有的时候，一个国家新闻传播的快慢，甚至能够体现一个国家新闻业的发展水平。"能不能迅速及时地将信息传播出去，往往是各新闻机构竞争的焦点。

第三节 中国电视新闻节目的 发展历程

我国电视新闻节目的发展与电视行业发展同步，在 1958 年 5 月 1 日，当时的北京电视台（中央电视台的前身）开始试验播出电视节目，我国实现了独立传输电视信号的突破，虽然当时能够接收这一信号的只有北京市的 50 台电视机。当天播出的《图片报道》是中国电视新闻节目的最初样态。所谓图片报道，是指通过荧屏播放图片，同时播音员解说图片内容的方式来向观众介绍新闻事件。1958 年 5 月 15 日，北京电视台播出的《"东风牌"小轿车》，就是最早的图片报道，全长约 4 分钟，图片大多来自新华社。因操作简单、成本低廉，图片报道是很多条件较差的地方电视台主要的新闻节目形态。从 1959 年 1 月 1 日开始，《图片报道》成为常规栏目，每周播放三次。

1958 年 7 月 1 日，北京电视台记者下午 4 点拍摄十三陵水库落成典礼，晚上 10 点实现了顺利播出。由于当时技术水平不高，很多电视新闻节目的技术人员都是从电影厂改换工作而来，电视新闻节目的制作相当困难，需要进行拍摄、剪接、洗印等工作，没有录像设备，大多采用胶卷进行拍摄，大大增加了节目制作的难度。

1958年10月1日，北京电视台首次对"十一"阅兵式和群众游行进行了现场实况转播，这是我国第一次对重大节庆典礼活动进行的大型转播。

1958年11月2日，播音员首次出镜口播新闻，当天负责播报的沈力成为我国第一位电视播音员。

1959年4月18日，北京电视台对周恩来总理在第二届全国人民代表大会第一次会议上做《政府工作报告》的实况进行了转播，只不过当时的电视直播只是作为人们眼中的"高科技"进行展示，相关重要政治文件早就在《人民日报》和广播中播出，电视转播的时效性并没有凸显。5月1日，又对天安门广场上庆祝"五一"国际劳动节的实况进行了转播。至该年国庆节前，人民大会堂地下已安装了一套黑白电视中心设备，从此，在天安门广场举办的各类庆典活动都能较为顺利地实现同步转播。

二十世纪六七十年代，由于特殊的政治背景，我国的电视新闻事业没有重大突破，但是电视机数量却有了一定的提升，为后期电视新闻节目的发展提供了基础。"到1976年，电视信号已经可以在理论上覆盖全国36%的人口（大约为3亿人）；在北京、上海等经济较为发达、人口较为稠密的中心城市，覆盖率则可超过50%。但与之相对的是，截至1975年年底，全国总共拥有电视机数量仅为46.3万台，平均每1600

人拥有一台。"①

1976 年 7 月 1 日，国人熟知的《新闻联播》节目诞生并试播，这也是我国电视新闻节目发展的里程碑事件。但是当时的节目节奏拖沓，30 多分钟的时间内，只播出了北京电视台制作的 4 条新闻和地方电视台选送的 3 条新闻，最长的一条新闻时长近 9 分钟，且没有一条国际新闻，这是今天的我们所无法想象的。直至 1980 年底，随着新闻采编系统的应用及中央电视台（原北京电视台更名而来）与各个地方电视台的信息传输网络初步建成，这一情况才有所改观，《新闻联播》的内容逐渐丰富起来，时效性也有所增强，但是当时的节目依然没有国际新闻。直至 1980 年 4 月，国际新闻才出现在《新闻联播》节目中，但当时的国际新闻均为国外通讯社制作，水平明显高于国内新闻节目，一段时间甚至出现了看《新闻联播》主要是为了看国际新闻的潮流。到了 1982 年，《新闻联播》经过电视人的努力，制作水平和新闻播送能力已经接近于国际主流新闻节目，内容的编排和组成已经与今日的《新闻联播》比较接近了。

从 1980 年 7 月起，《新闻联播》后增加了《天气预报》节目，该节目从信息的传送角度来看也属于电视新闻节目，属于"硬新闻"的一种，但是在当年信息传输渠道匮乏的情况下，人们不可能从智能手机的 App 上获取天气信息，该节

---

① 郭镇之. 中国电视史［M］. 北京：中国人民大学出版社，1991：123.

目也就成了百姓日常的"晴雨表",有着极高的收视率,也成为《新闻联播》的一种有效补充。从20世纪80年代起,《新闻联播》前后的时间段就成了国家电视广告的"龙头时段",往往成交价都是"天价"。

20世纪90年代是我国电视事业发展的黄金阶段,同样也是电视新闻栏目的黄金时期。在这一时期的1993年,中央电视台创立了我国第一档电视杂志类栏目《东方时空》,并在创立的同时采用了当时的新生事物——制片人制,即将电视节目的选编、设立、编排等制作权力赋予了当时的总制片人孙玉胜,并且电视台只提供5分钟的广告时段,不提供任何资金支持,所有的费用均出自这五分钟的广告时段的收益。《东方时空》的火爆带动了一系列电视新闻节目的管理制度改革,之后的《焦点访谈》《新闻调查》等节目也采用这一制度,甚至部分地方电视台,如北京电视台、上海电视台也将部分电视新闻节目改为制片人管理制。

随着改革开放的逐渐深入,人民对于经济信息的需求日益加大。1992年8月,中央电视台继《经济半小时》之后,开始制作播放《经济信息联播》,得到了广大人民的喜爱,也为我国经济新闻的发展奠定了基础。

除中央电视台外,地方电视台在这一时期也有了长足的发展,如1998年12月18日,甘肃电视台第一套节目实现上星播出,标志着甘肃卫视节目正式开播。

1997年绝对是中国电视新闻节目的"大年",除了直播小浪底、三峡大坝等工程外，长达 72 小时的香港回归直播节目更是受到了全世界的关注，当时的盛况和对于时间要求的严苛性在后来通过电影展示给了世人，这场直播动用的设备、参与的人数创造了当时的中国之最，也成为中国电视新闻史的亮点之一。

进入 21 世纪，电视人迎来了自己未来最为亲密的伙伴，也是最危险的敌人的互联网。在 21 世纪的前 5 年，互联网的应用还只停留在高薪阶层或是高知识分子阶层，主要的目的也是研究和学习，而大学生的扩招，也带动了大学周边网吧的发展，互联网娱乐初具雏形，但当时主要集中于网络游戏。电视产业尚没有受到互联网的重大影响，这是因为电视产业的受众还没有形成使用互联网的习惯，80 后、90 后等新生代还处在受教育阶段，无法产生真正的颠覆性革命。"这一阶段，全国电视业广告收入则由于省级卫视频道的迅速成长而从 2000 年的 168.91 亿元增长为 2008 年的 501.5 亿元，占全国广告行业总营业额比重的 26.4%，电视作为最强势广告媒介的地位始终得以保持。"①

在受众人群减少不多的情况下，电视新闻节目自身也发生了变化。进入 21 世纪，各个地方电视台在原有基础上进行大规模扩张，比如上海电视台、湖南电视台等，并纷纷成了大型传媒集团，实现了集团性传播，实现了收益倍增。由于

---

① 数据来源：《中国广播电视年鉴》2001 年和 2009 年所载各年度之《广播电视广告概况》。

技术的进步，各个电视台也纷纷从只有一两套节目发展到众多专业性频道并存的模式。如 2004 年，甘肃广播电影电视总台（集团）成立，节目也分为上星的甘肃卫视和甘肃电视台公共频道、都市频道、影视频道等，频道的增多也实现了电视新闻节目的分化，如都市频道的新闻节目更为关注民生，甘肃卫视除转播《新闻联播》外，更偏向于政治及其他重大新闻的播出，体现了"以人为本"的新闻理念。其实很多人没有意识到，这一现象已经初步具备了自媒体的特征，只不过当时还只局限在电视新闻节目的"有奖爆料"中。

另外，这一时期的一个重大变革为口播新闻的普遍化与播音员年轻化。由于直播技术已经成熟，口播新闻已经不再是高新科技产物，各个地方台基本都采用了这一种形式。过去的播音员要求经验丰富、沉着老练，但是已经不符合时代的审美，从《新闻联播》起用一众年轻播音员开始，各个地方台也纷纷效仿，电视新闻节目的播音员、主持人呈年轻化趋势，出现了一大批"帅哥靓女"。

21 世纪第一个 10 年中，电视新闻节目最后的辉煌来自央视新闻频道的开播。央视新闻频道作为电视新闻节目的专业频道，成功实现了国人期盼的电视新闻热点 24 小时滚动播出，并在多次重大事件中做出重要报道，赢得了大量观众，形成了一定的公信力，且原中央电视台综合频道一天播出的新闻量只有 150 条左右，而新闻频道一天的新闻播放量就可以达到 450 条，大大满足了民众对于新闻的需求。"一项在北京地区展开的入户跟踪调查显示,央视新闻频道在开播头四个月内的收视率达 18.4%,有 89% 的观众对其内容表示信任,满意度位居全国所有卫星频道之首。"①

2010 年后,互联网逐渐显示出了自己真正的实力,随着网络"飞入寻常百姓家"及美国苹果公司对于智能手机的推广,我国电视事业及电视新闻节目也感受到了巨大的压力。互联网兴起后,逐步走向衰亡的一个行业就是报刊业,在 21 世纪第一个 10 年中,报刊业已经出现了衰败的苗头,广告收入大幅减少,但"尚能饭",到了 2010 年后,除了部分有硬性要求必须订阅的党政报刊,娱乐类报刊均出现了直线下滑趋势,被时效性强同时内容更为丰富的互联网一拳打倒,虽然在党中央的带领下相较于其他媒体第一批实现了媒体融合,但再也没有 20 世纪的辉煌,到目前为止也只有《人民日报》《澎湃新闻》(上海报业集团)等寥寥几个报刊实现了舆论与收益的双赢,其余的报刊收益已大不如前,纸质报刊作为新闻主阵地的时代已经完结。

相较于报刊,电视媒体出现得较晚,但随着受众年轻化,电视新闻节目也在 21 世纪第二个 10 年走了下坡路,尤其是在 2015 年后,随着微博的逐渐火爆,出现了"自媒体"这一概念,加上 2012 年成立的北京字节科技有限公司,旗下的"今日头条"逐渐成为新浪、搜狐等传统互联网媒体的重要

---

① 徐明明. 制播分离:广播电视改革的新路径 [J]. 中国广播电视学刊,2009(12):17.

对手，其改变了当初新闻都是由记者和编辑完成的传统模式，让每个民众都是"事件的发现者"和"事件的评论者"，加上智能手机的快速发展，手机摄像技术日渐成熟，之后"4G"及"5G"移动通信技术的推广，又催生了短视频。这给电视新闻节目带来了前所未有的冲击，至 2019 年，抖音的访问量已经超过了央视网站的访问量，加上 IPTV 的出现，传统电视行业的影视剧优势丧失殆尽，央视由于其性质和多年的积累，尚有自保能力，但地方电视台的广告收益大幅下降，陷入发展困境。

今后，无论国内国外，电视新闻节目的转型发展势在必行，利用优势、弥补弱势，适应融媒体时代的发展，是未来发展的唯一道路。

第二章

简述融媒体

第一节　融媒体的相关概念

一、传统媒体的演变

人类创造了语言后，人类为了将信息传播与留存，从结绳记事起就开始探索传播的不同方式。从最早的口耳相传，到发明了文字和纸张，书写成了最为广泛的传播方式。之后由于印刷术的发明，人类进入了铅与火的时代，这一时代的传播媒体主要是书籍，之后由于人类对于信息的需求，又出现了报纸和期刊，分别利用自身优势进行信息的传递。进入电气时代，人类发明了广播，使得信息的传播速度更快、范围更广。再后来有了电视，传统媒体进入了自己的黄金时代，直至进入今日的互联网时代，出现了融媒体。

二、融媒体的定义

"融媒体"是"充分利用媒介载体，把广播、电视、报纸等既有共同点，又存在互补性的不同媒体，在人力、内容、宣传等方面进行全面整合，实现'资源通融、内容兼融、宣传互融、利益共融'的新型媒体宣传理念"。① 融媒体是一个

---

① 周勇，何天平. 重回内容价值：电视新闻融媒体转型的路径与反思 [J]. 新闻与写作，2017.

概念，而不是一个专门的宣传渠道或者平台，其一般指传统媒体整合自身资源及优势，互相整合，互相利用，让其宣传功能大幅提高的手段，从而使传统媒体再次激发活力，避免被时代淘汰。

三、融媒体的作用与功能

从以上融媒体的定义来看，融媒体也是一种传播形式，自然有传播信息的功能。按照新闻学的相关概念，传播渠道的最大的作用是传播信息，信息包括新闻等不同的表现形式，其中体现政治性的政治宣传、引导舆论等，在生活中传递生活信息，如天气预报等，在此不再赘述。融媒体同样具有这样的功能，但是形式更为多样，且由原来传播的单向性改为了双向性及多向性，如网络聊天室、微博评论等。在网络技术迅速发展的当今时代，融媒体能够更好地改变传播形式，可以使政府更好地引导新闻舆论，让政策解读更快地深入人心，能够让正能量更迅速地传播，并且使报刊等丧失发展主动权的传统媒体能够重生，重新掌握舆论重镇，重新恢复生命力。当然，融媒体也会放大任何一点社会弊端，这就需要媒体人以更为敏锐地处理突发事件，并向政府解决突发事件的能力提出了更高的要求。

第二节　融媒体的表现形式及其特征

一、融媒体的表现形式

目前随着科技的不断进步，融媒体种类已经有数十种之多，如基于网络电视的 IPTV、数字信号电视、可移动电视等，基于移动多媒体的短视频、手机游戏等，基于网络即时通信软件的通信群组、微博等，另外还在不断出现基于融媒体的新型硬件载体，未来随着时代的发展，其种类还会不断增多，这就是科技的力量。

二、融媒体的特征

1. 传播形式融合

融媒体要求传播渠道融合，即将广播、电视等传统媒体的声音、图像等多种媒体资源进行融合，形成内容数据库，并对内容进行整理，以互联网等多种表现形式将相关内容进行传播，从而达到更好的传播效果。用户也可以通过不同的入口选择收看方式。如现在要观看《新闻联播》，不用每晚7点守在电视机旁，可以通过央视频的网络入口、智能电视的回看功能、抖音等网络平台随时随地进行观看，提高了用户对于信息的获取度。

2. 更高的互动性及现场性

随着通信技术水平的提高，目前我国家庭中基本普及了百兆以上的家用宽带，而移动通信技术则处于 4G 到 5G 的转型中，可以说，足够的带宽让电视技术有了进一步的发展，而 4K，甚者 8K 高清技术的出现，让观众更为清晰地看到现场，有了更为真切的现场体验，比如 2022 年卡塔尔世界杯，央视实现了可选择角度的高清直播，用户可以根据自己的喜好选择角度观看高清的足球比赛，甚至可以达到媲美现场的观看感受。融媒体本身就具有互动性的特点，用户不再是简单地通过接收端收看，而是可以根据自己的喜好选择节目并进行评论，有的评论甚至比节目本身或事件本身有更高的网络热度，比如对于热点事件，一些专家的评论往往比事件有更高的关注度，甚至本身没有热度的事件，通过他们的评论反而登上了"热搜榜"。

3. 在保证社会效益的基础上提高经济效益

从某种角度讲，传媒既是事业也是行业，既然称为"行业"，必然有其经济特性，简单来说，不管电视台也好，还是报社也好，都是要给员工发工资的。但随着时代的发展，传统媒体的"吸金"能力大幅下降，这就需要进行融媒体改革，利用自身内容优势及渠道优势，进行线上和线下活动的有机融合，在达到更好地引导舆论、宣传正能量目的的基础上增强其商业性质，从而获得更好的经济效益，为今后更好地发展、更好地做好舆论工作提供经济基础，毕竟各种更好的设备与技术都是需要资金购买或研发的。

4. 大数据与更好的反馈性

传统媒体对于所传播信息的反馈只能依靠发行量、收视率等进行考察，无法真正了解观众对于节目的看法和意见。而通过融媒体，我们可以将不同节目的点击次数、不同消息的收看数量进行统计，了解社会热点，而通过评论等的采集和数据分析，也可以看到群众对于热点信息的意见、态度等，将这些信息进行汇总，可以有效形成关于社会重点问题的大数据，了解民意，深入民情，更好地引导舆论并进行政策宣传，也可以发现哪些手段才是最好的传播形式，将新闻更有效地传播。

第三节　国内外融媒体的发展历程

一、国外融媒体的发展历程

1. 媒体机构的融合

国外融媒体的发展要早于国内，从 21 世纪初开始就有了媒体融合的雏形。在 2000 年，美国的媒介综合集团就进行了媒体融合的尝试，但更多的是一种物理空间的聚合。媒介综合集团投资 4000 万美元在美国坦帕市建造了一座大厦作为新设立的组织机构"坦帕新闻中心"（Tampa's News Center）办公大楼，随后将旗下的《坦帕论坛报》、网站 Tampa Bay Online、电视台 WFLA – TV 的编辑部门都整合到了这栋大楼。三家子媒体的编辑部只是合作关系，彼此的编辑决定权依然是独立、自由的。2005 年，西方各个主流媒体加快了对融媒体的研究，其主要表现为对新闻采编系统的研究，即将音频、视频进行有效采集，并进行内容重组，以内容驱动改变传统的单一媒体模式，并加速进行新闻采编人员物理办公格局的改变。国外实现真正意义上的媒体融合，要到 2013 年，德国《明镜》杂志将杂志编辑与网站进行了重新规划，并且聘任德新社原总编辑沃尔冈进行统一管理，实现了"一套班子，两个牌子"，真正实现了以内容为导向的传统期刊与网络的融合。同期，英国广播电视公司也着手取消频道制，而改为以栏目为导向的内容分类，这才有了英国现在我们看到的新闻产业巨头 BBC。

2. 新闻信息采集的融合

传统媒体中信息的采集主要通过采编人员的编写以及多媒体编辑人员的辅助，在这中间，各个部门各司其职，融合性很差，一条新闻的社会效益、经济效益的产生往往取决于各种人员是否能够有良好的配合，这就带来了一定的不确定性。2010 年后，国外媒体信息采集的深度融合取得了飞速的发展，这主要得益于大力引进信息采集技术人员和培训在岗的采编人员两大举措。2012 年，英国《金融时报》编辑部要求采编人员集体向全媒体转型，同时还将视觉设计人员、编程技术人员、数据新闻记者等，融入原有采编团队，该报纸很快实现了多媒体信息采集融合，两年后便取消了"深夜作业模式"。随后，"背包记者"（Backpack）、"鸭嘴兽"（Platypus）、"检察员装置"（Inspector Gadget）等新岗位的出现，成了媒体信息采集深度融合的助推器。还有，新闻培训专家为新闻信息多媒体融合设计了诸多工作岗位，如新闻流程经理、故事构建者、新闻资源收集者、拥有多种技术的记者。

3. 基于内容的媒体材料融合

同一个事件，用音频还是视频抑或是其他载体有很大的不同，这就要求新闻采编工作者能够同时胜任采编工作与多媒体工作，既有编辑故事文本的能力，又有选择、制作多媒体材料的能力，由其制作出的故事能否立得住成了媒体传播的关键，这在未来也会成为媒体深度融合是否成功的检验指标。

在电视新闻发展阶段，由于历史原因，国外比国内发展相对较快，但到了融媒体阶段，国内与国外媒体融合的开展在时间上相近，国外虽有部分经验可以汲取，但是也出现了一些问题，走了一些弯路。国外的新闻媒体基本都是私有或者部分私有化运营，其媒体融合的过程比较倾向于以技术为驱动，以经济效益为导向，虽然通过技术人才的培养及技术的研发有效实现了媒体融合，尤其是如《纽约时报》等一批实力雄厚的传媒集团在自身资源的基础上实现了技术转型，但其新闻的权威性和真实性、准确性却由于缺少监管部门的监督管理而有所缺失，对新闻的把关不严的情况也时有发生，也产生了一定的不良社会效应，而这些都是我们需要重视的，不能为了"融合"而"融合"，要有正确的舆论导向，正确地引领民众。

二、国内融媒体的发展历程

国内融媒体的发展可以说已经走过了十个年头。从 2002 年起，有些媒体，如出版社已经开始进行"数字出版"，这是我国融媒体发展的前身。但是当时囿于技术和体制、市场的相关问题，只有数字阅读延伸至今，如微信读书等，基本上是以网络阅读加电子图书的形式出现，没有实现真正的融媒体发展。而真正出现"媒体融合"这一概念，要到 2013 年 8 月 19 日的全国宣传思想工作会议上，会上习近平总书记明确提出了"要通过加快传统媒体和新兴媒体融合发展来占领信息传播制高点"。"2013 年 11 月，党的十八届三中全会进一步将'整合新闻媒体资源，推动传统媒体和新兴媒体融合发展'写入党的中央全会公报。至此，媒体融合这一概念开始正式作为传媒领域的改革思路出现在官方表述当中，其与意识形态安全的高度相关性开始被重视与强调。"从 2012 年到 2014 年，我国的媒体融合大多是个别媒体单位进行自主探索，没有形成集成化、规模化发展，而在 2014 年 8 月后，开始进入媒体融合的国家战略层次的探索发展。

在 2016 年前，传统媒体的融媒体改革基本上是各自拥有各自的部分，各自有各自的员工，泾渭分明，传统的媒体依然用传统的方式进行新闻传播，在融媒体方面只是简单地把新闻报道以图片和文字的形式放到网站上，供用户浏览。最开始打破藩篱的是 2015 年《人民日报》对于两会的报道，其采用"中央厨房制"，通过一次采集、多种传媒同时发布，第一次实质上实现了我国融媒体报道新闻的成功，其通过"中央厨房制"采集的新闻，在手机端实现快速发布，实现新闻的及时性，在网站实现全景报道，立足于新闻的全面性，在传统纸质报刊上将新闻说透深讲，实现了新闻的深度，通过这一次对于两会的报道，《人民日报》成功实现了融媒体的转型升级，为今后其在新媒体端（如微信公众号、抖音号）的发展奠定了坚实的基础，并成功赢得了一大批忠实的用户。在这之后，中国广播电视总台、新华社等官方媒体纷纷进行融媒体的尝试，利用自身优势，逐步在融媒体的新闻传播上实现了创新，同时发挥了主流媒体占领宣传主阵地的作用。

2020 年后，除中央级媒体外，各个地方媒体也纷纷走上了融媒体发展的道路，并在重大事件中起到了引导舆论、有效传播政策的重要作用。

第三章

融媒体时代电视新闻节目特性

第一节　融媒体时代
电视新闻的新闻性

进入融媒体时代，电视新闻节目需要改革以适应时代的发展，但是不能脱离新闻的本质，仍然要遵循新闻的相关原则，所以我们要有针对性地了解融媒体时代电视新闻的新闻性。

一、公开性

新闻是公开发表的消息，是能够向公众传播的内容，一般都要向公众进行传播，传播的范围越广泛，越能发挥新闻的作用。新闻的公开，除了新闻的主体，即消息的主体要进行公开，其余的属性，如新闻的采访过程、新闻的采访方式、新闻的来源等，都是适当进行公开，方便受众对新闻事件及新闻内容进行核实。如最简单的天气预报，如果只公布天气情况，则公开性就有所缺失，而加入"以上内容来自国家气象局"，则信息的完整度及公开性就会有大幅度的提高，这些附属信息的公布不但有利于提升新闻的公开性，也有利于提升新闻的公信力。再如 2023 年两会期间，如果仅仅公布采访的新闻内容，信息就不全面，而加入在"人民大会堂某场新闻发布会上",公开性就有所提高。新闻的公开性决定了新闻的传播力度,其在融媒体时代的电视新闻中同样重要。

二、真实性

真实性是新闻的核心和生命线。在融媒体时代,电视新闻节目不能为了吸引眼球,进行虚假或者夸张性的新闻报道,如果出现这种情况,后果将极为严重,轻则造成新闻事故,会被问责;重则酿成重大舆情事件,甚至会造成外交事件。如北京某报刊在融媒体渠道报道,一中国大妈在美国洛杉矶一言不合掌掴某免税店服务员,引发大量争论,纷纷讨论中国游客在国外不文明,但后来证实这是一则假新闻,该报刊随后立即进行了辟谣,表示问题出在免税店服务员,刷卡后丢失顾客信用卡,后通过监控找到,且大妈虽然态度恶劣,但并没有出现"掌掴"事件,之后此事引发网友一片哗然。又如,某晚报发布新闻《车祸瞬间,老师把生的希望留给了孩子》,新闻描写了一个叫丁燕的小学教师,在汽车失控之时推开身边的两个学生,自己被车撞飞,不幸罹难。后经公安机关核实,不但没有这回事,而且"丁燕"此人也不存在。这条假新闻的目的不过是利用大家对于此类事件的关心与对当事人的同情,增加自身流量,从而提升自身融媒体渠道的广告价值,之后,相关责任人被问责。

三、针对性

每个新闻媒体都有其自身针对的受众群体，在其专业领域也拥有大量的资源，只有做好"本分事"，才能赢得更多的发展机遇。如《中国教育报》针对的就是教育行业，其在教育行业拥有相当丰富的资源，可以发挥自身优势，深挖资源，为中国教育添砖加瓦，这样也能赢得如教师等专业受众群体的关注，但如果该报长年连篇累牍地报道社会刑事案件，不但抢不了《法治日报》的饭碗，还会被自己受众的反感，从而产生负面效应。

四、时间性

新闻报道的及时性是电视新闻的重要特征。21 世纪初，电视新闻节目之所以能够在报纸、期刊等多种媒体中脱颖而出，依靠的就是新闻播出的及时性，其中面对重大事件、重大活动的专业性新闻节目受到了广大观众的喜爱。再比如体育类节目的直播与新闻播报，让一大批体育迷满足了自身的需求，从 2008 年北京夏奥会到 2022 年的北京冬奥会，央视的专业报道团队给全国人民留下了深刻的印象，从赛事的举办到运动员的衣食住行，全方位地报道向国人甚至世界展示了奥运精神的伟大和竞技体育的魅力，同时也收获了大批的赞助，实现了社会效益和经济效益的双丰收。在注重新闻事件性的同时，也要注意不要出现"赛马式"的不实新闻报道。

五、内容性

"要想新闻做得好，内容优势得做好。"好的新闻必须是大家所关切和需要的，融媒体时代的电视新闻同样需要把宣传文本做好，要注重语言的选择和内容的编排。如报道政治类新闻，语言要严肃、专业、准确，内容要有深度；报道生活类新闻，语言要生动、"接地气"，让受众有亲切感；报道文化类新闻，语言要有内涵，具有文化气息。如第32届中国新闻奖一等奖作品《大庆发现超大陆相页岩油田》，2021年8月25日，大庆油田召开新闻发布会，宣布古龙页岩油勘探开发获得重大战略突破。作者敏锐地抓住这一重大新闻事件，并从新闻发布会扩展出去，采访中科院院士邹才能、"新时期铁人"王启民和参加古龙页岩油会战的大庆油田总地质师、企业技术专家等，用专业而准确的语言全方位、深层次报道大庆发现超大陆相页岩油田这一重大事件。不仅让观众从知识层面简单地了解页岩油，更是以全国和全球的视角，从理论突破、技术引领等角度深刻阐释了大庆发现超大相页岩油田对保障国家能源安全的重要意义。该消息主题重大，新闻性强，挖掘深刻。作者跳出新闻事件本身，以更高的视角，抽丝剥茧、层层递进，揭示了在我国石油对外依存度居高不下的严峻形势下，大庆发现超大相页岩油田对于保障国家能源安全的重大意义。

报道还通过生动的比喻、模拟动画等形式，将页岩油勘探开发中晦涩难懂的专业性内容变得通俗易懂，增强了传播效果。消息播发后，通过传统媒体和新媒体的广泛转载传播，鼓舞人心，起到了良好的宣传效果，进一步激发了大庆油田干部职工建设百年油田的信心和决心。

第二节　融媒体时代电视新闻
政治性原则

随着我国融媒体技术的迅速发展，大多数电视台都进行了融媒体的尝试，但不管技术如何进步，形式如何多样，我国新闻的政治性没有变化。电视台作为国家机构，仍要保持新闻的政治性，仍要主动宣传党和国家的相关政策，仍要作为党的喉舌，仍要作为党的宣传工作的主要阵地。所以，在融媒体时代，在各种自媒体层出不穷、各种不负责任的言论多发的条件下，电视新闻的政治性更为重要。

一、坚持严格的思想政治观

在融媒体时代，信息传播量惊人，信息传播渠道多样，虽然电视新闻节目不像过去那样拥有绝对权威，但仍有一定公信力，这是人民对党宣传工作的认可，我们要珍惜这份公信力，在思想上把牢政治观，坚定信念，加强学习，不断询问自己是否牢牢把握住了意识形态，有没有为了经济利益而忽视社会效益，头脑中是否有政治这根弦，要有底线意识、红线意识，坚持正确的政治立场，积极发挥舆论的引导作用，积极传播党的政策、方针、路线。在各个单位中也要经常交流、反思，挖掘主流思想，只有政治上绝对正确，才能引领未来的发展道路，把工作落到实处，真正实现为人民服务，让电视台在融媒体时代有自己稳定的位置。

二、坚持严格的"三审"把关制度

媒体是宣传的渠道，内容则是媒体的核心。在融媒体时代，要有优秀的内容，必须进行严格的把关，在新闻播发前要对新闻的来源、采访渠道进行严格的审查，才能保证新闻的正确性和准确性。现在，有的新闻采编人员，每天的工作不是留意生活，寻找生活中的新闻，而是"上班看微博，下班看抖音"，从自媒体中寻找新闻点，而且主要关注那些有流量、上"热搜榜"的新闻，不加以核实，将视频再次剪接就直接转发，如此既有了点击量、播放量，还完成了工作任务。这一做法实际上是十分不负责任的，并且目前这种情况不在少数，这也增加了假新闻、新闻严重夸大的可能性，也严重违背了党中央对于新闻工作的要求，会造成许多不良的新闻舆情事件。

另外，有的新闻单位为了多发新闻、快发新闻、跟上热点，不再坚持新闻含选题把关、采访把关、审稿把关、选稿把关、成片把关和编排把关六大环节，造成了很多新闻不合格的问题，有的字幕错别字不断，有的新闻字号不统一，有的画面不清晰，有的声音和图像脱钩，有的配乐不准确，有的甚至将受采访者的姓名写错，这些都会造成不良的后果。

三、重视新闻电视节目的保密工作

目前国际形势复杂多变，作为传媒工作者，尤其是新闻工作者，一定要有保密意识。要重视国家保密工作，提升保密意识，增强防止泄密的工作意识，同时加强关于电视台保密相关法律法规的学习。具体来说，一是要进一步提高政治站位，充分认识在媒体融合形势下的保密工作的重要性和必要性，强化保密意识，将保密工作贯穿到日常的工作中，积极防范和及时化解各种风险。二是要进一步强化政治担当，推动保密工作落实落细。保持继续抓落实的定力和耐力，把保密工作要求一条一条继续贯彻好、继续落实好。加强完善保密制度，抓实涉密人员保密管理、涉密文件保密管理以及微信和计算机设备安全保密管理，管好微信群、管好公众号，严格落实"涉密不上网，上网不涉密"，每一个链条都要畅通、不能"掉链子"，每一个环节都要衔接、不能"挂空挡"。三要进一步扛起政治责任，切实做好新闻宣传保密管理。结合微信泄密专项整治行动和自查自评工作，统筹抓好新闻宣传保密管理，尤其是抓好一线记者保密教育，严防"跑风漏气"，在新闻报道中严禁涉及尚未公开的涉密信息，禁止利用社交平台进行文件传输，严禁图文转换，坚决杜绝"拱手送密"，以高度的政治责任感和历史使命感对待新形势下的保密事业，以与时俱进的精神和求真务实的作风做好保密工作，推动新时代保密事业高质量发展。

第三节　融媒体时代电视新闻传播性

一、科学受众传播

我国的媒体融合处在发展的初期，就现阶段来说，融媒体只是把各个不同媒体拼接了起来，并没有实现真正的融合。融媒体一方面是为了实现传统媒体的持续发展而做出努力，另一方面是出于社会责任，加强舆论引导的需求。科技发展的速度之快令人咋舌，媒体融合趋势的浪潮一浪高过一浪。它要求不同媒体之间进行合作，整体运行，并尝试运用多渠道的方式来传播，加大传播外延，达到科学传播的目的。要实现这个目标，并不是简简单单地把信息放上网络而已。

二、科学传播渠道

科学传播渠道就是一条纽带，它就是指科学传播媒体。在科学传播过程之中，一头连着信源，一头绑着信宿。常见的科学传播媒体包含报纸、书籍、杂志、广播、电视、电影、录像等，同时也包括学术讨论会、访问交流等形式，以及图书馆、科技馆、展览馆、博物馆等场所。传播表现方式主要有这几种：图片、文字、视频、讲授、实物等。媒体，在科学信息和传播受众之间是知识传播的形象。除此之外，也是对反思、疑问、求证、解析这些从简单到复杂的科学精神、方法、思维的传播。传播内容、传播类型、传播者、接收者等因素会制约传播渠道的选择。广播、电视、报纸、杂志或互联网等大众媒体适合一般的信息推广；专家学者之间进行交流或者讨论一般都是通过学术研讨会、访问交流的形式或借助中介机构的服务；某些技巧性高、难以编码的知识一般会采用直接面授的传播方式；而那些易于用语言、图像表达的知识则可借助传播媒体。

三、融媒体时代科学传播机制

"机制"一词最早是用来说明机器的结构和工作原理的，随后被生物学以及医学领域引用，用来解释生物功能的内在运作方式。从哲学上来说，机制是指相关事物的结构、组成因素之间的相互关系，在事物发展过程中发生的各种改变的运动性质和相互关系。"揭示了事物的运行的机制代表着对一个事物的认识从现象开始进行阐述到对其本质的理解。"所以，研究融媒体时代科学传播机制对于达到科学传播目的是十分必要的。

第四章

融媒体时代电视新闻节目表现形态

第一节　联播类电视新闻节目

联播类电视新闻节目指的是将不同类型的新闻进行有效采编，一般为重大新闻或焦点新闻的"串烧"，采编后由播音员播出，同时配以文字、图表、视频等形式进行事件的报道，并在固定时间在电视台播出。

说到联播类电视新闻节目，《新闻联播》2022 年稳坐全国电视市场常态节目第一位，电视端日均观众规模 1.2 亿人，中心城市收视份额为 30.1%，我们就以该节目在融媒体时代的改革为例子，说说联播类新闻节目的改革方向。

一、新技术的不断引进

在技术革新方面，央视具有全国最雄厚的科技实力，这是无可争议的，但是《新闻联播》的技术改革，却是由浅入深型的。片头是最为简单的一项，也最能看出其工作态度的严谨。随着电视技术的不断进步，原来的节目画面 4：3 已经逐步被淘汰，16：9 的播出制式成为主流，《新闻联播》在技术革新上首先将我们熟知的片头改为了 16：9 制式的高清片头，以配套节目的整体效果。更是将蓝色的主色调改为了蓝绿色，以突出片头的立体感。

再有，将原来的"看稿播出新闻"改为了电子提词器，更新了演播室系统和摄像设备，以适应当今观众对电视高清播放的需要，对节目背景也进行了微调，增强了科技感，融入了现代元素，更适合年轻人的口味。

二、播放渠道的多样化

媒体融合后的《新闻联播》，首先在微博账号和字节跳动旗下的抖音上实现了同步播放，可以让更多人能够随时随地收看到节目而不必守在电视机旁，实现了有网络即能收看，有效传播主流声音，有效抢占社交媒体中的话语权及舆论引导权。从 2019 年起，《新闻联播》先后在微信、微博、抖音、快手等新媒体平台上开设账号，成功建设了新媒体账号矩阵，至今累计关注量过亿。在新媒体平台上，《新闻联播》不但实现了节目的同时播出，而且经常发布图文、视频等形式的碎片化新闻，这些新闻都是经过精心筛选的主流新闻作品，至 2020 年已达到每日 4400 万的播放量或浏览量，这是世界上的其他大型传媒集团难以复制的。

三、融媒体下传播语言的多样性

《新闻联播》作为传播主旋律的"王牌"节目，其编排有其固定性，如"国内要闻""新闻评论""国际新闻"等，其语言风格以庄重、大气、严肃为主，播音员的语言风格也比较固定，此种语言风格已经保持了将近 20 年，但这一风格在融媒体平台上就不怎么"吃香"了。融媒体平台中，年轻人较多，喜欢活泼、有激情的语言方式，为了适应这一特性，我们可以看到在快手平台上央视主播李梓萌也使用了网络流行语解释了《新闻联播》入驻快手的原因："《新闻联播》每天都在记录中国，记录真正追求幸福与进步的中国人。在这一点上，我们是一样的。我们希望通过快手平台，让《新闻联播》能与世界的每一个用户连接、互动。让我们一起玩起来！一起记录世界、记录幸福、记录你！"

该视频在播出后，一小时内的播放量就超过了 5000 万，《新闻联播》在快手的官方账号在一天内涨粉千万，之后在各种融媒体平台上，如抖音等，《新闻联播》播发的视频一改往日的语言风格，大量采用各种网络用语，受到了广大青年人的欢迎，极大地提高了新闻的播放率，同时提高了节目的知名度与扩大了覆盖面，有的网友甚至表示，现在的《新闻联播》比网剧好看，军事新闻令人热血沸腾，社会新闻贴近生活，国际新闻开阔眼界，通过这样的评价，我们可以看出，《新闻联播》节目已经成功实现了融媒体转型，实现了"破壁"，适应了时代的发展。

四、对于新闻评论的形式更新

为了进一步提高新闻的传播能力，《新闻联播》节目在本体节目之外又推出了《主播说联播》节目，该节目一经推出，立即吸引了大批观众，该档节目从根本上来说，就是以《新闻联播》的新闻节目为基础，以新闻评论为主要内容的电视新闻节目。其所选择的新闻内容，不但涉及国际新闻热点，还包含国内焦点新闻，而且其播出方式采用的是年轻人喜爱的竖屏视频方式，一经播出，播放量立即达到亿次级别，实现了新闻内容与新闻渠道的双更新模式。该节目诞生于 2019 年 7 月，采编方式为以新闻评论为主，同时兼具互动的全新模式，播出频率为每日一期，节目中播音员用全新的兼具网络语言风格的叙事方式对新闻进行评论，每条新闻的播放时间在 1 分钟左右，节目时间紧凑，内容充实，有很强的时代感。在经历过 700 余期节目的探索和实践后，2021 年 9 月起，《主播说联播》全新改版，以"大象也会跳街舞"的精神风貌对节目的播报方式、内容选题的设计以及创意策划等方面进行调整。在之后一年多的探索中，该节目甚至出现了以方言形式播发新闻的"特例"，进一步拉近了电视新闻节目与观众的距离，播放量与关注度进一步提升。

五、全新经营模式的探索

2020 年，《新闻联播》借着融媒体快速发展的时机，利用自身影响力，与各个短视频平台进行合作，试水直播带货，这也意味着新的商业模式的出现，尽管作为大众媒体，这次尝试是公益化的，但未来进行商业化尝试未尝不可，这也为地方电视台的联播类节目提供了经验，也说明了未来新闻节目的主要发展方向为进一步提高自身的公信力。

从《新闻联播》融媒体发展之路可以看出，传统电视新闻节目是可以适应时代发展的，但必须从自身内部做起，开启改革之路，联播类新闻的生命力依然旺盛，依然能在融媒体时代有自己的一席之地。

第二节 直播类电视新闻节目

一、直播类电视新闻节目的分类

1. 新闻实况直播

指的是通过对重大新闻事件、政治活动、社会活动等通过一个机位或多个机位的切换进行新闻现场的客观记录。在新闻实况直播中，新闻记者一般不出现在画面中，但是通过画外音对现场情况进行解说或专业点评，此种形式的新闻节目强调的是新闻的客观性及对新闻现场原始状态的记录，其内含的时间与空间必须与新闻现场保持一致，例如2023年两会开幕式的现场直播。另外，体育节目及文艺演出的直播，也具有这一性质，如中国男子足球超级联赛的现场直播等。

2. 新闻节目演播室直播

是指播音员、新闻节目主持人在演播室进行新闻节目的报道，其新闻报道、电视播出和观众收看在时间线上是同步的。直播中可以插入事先采编好的新闻，由演播员和主持人进行串联，也可以将新闻现场的画面引入演播室进行播出，其现场可以是一个，也可以是多个。与传统录播的电视新闻不同，演播室直播的灵活性更强，可以随时插播最新的新闻事件，新闻时效性强。目前，国际上这种新闻播报形式较为流行，比较典型的有 CCTV-13 的《新闻直播间》节目。

3. 新闻现场报道直播

是指电视记者在新闻现场进行直接报道，不经后期剪辑直接进行新闻播出，记者采访报道的过程就是新闻播出的过程。在一些大型的新闻现场报道直播中，现场转播、演播室直播和现场报道直播三种形式往往交替出现。

二、直播类电视新闻节目的融媒体转型之路

1. 大小屏直播融合

随着通信技术的发展，4G 通信技术（第四代移动通信技术）在我国已经普及，5G 通信技术也在逐渐普及之中，智能手机已经成为国人日常生活、社交、信息接收的第一工具，而直播类电视新闻节目的特性就在于新闻发布的及时性，正好与网络信息传播速度快的特点相契合，基于此种特性，各电视台应主动改变以往电视直播效率不高的缺陷，实现大小屏同时直播，以实现新闻播放覆盖率的提高。目前，大小屏融合这项技术已经为很多电视台所采用，尤其是体育直播中，其使用率更高，如天津电视台体育频道在中超转播时，除了可在电视机端观看，还可以下载万视达 App 在手机端观看，方便了无法在固定场所收看球赛的球迷观赛。

2. 慢直播方式

随着网络技术的不断发展，各种流媒体及 P2P 播放技术已经可以轻松实现，于是衍生出了慢直播的方式。慢直播指

的是在电视平台及互联网平台对单一事件进行超长时间的直播跟踪。传统电视台的节目编排是有时间性的，所以其不能无限制地进行单一事件的跟踪，而这一要求能够轻易地被互联网平台满足，所以慢直播比较多地出现在网络平台。这种直播方式不需要主持人、导播、后期制作等，用单一机位即可实现对事件的播放，满足观众对于事件本身的关注需求。

3. 电视新闻节目的扩展

电视新闻节目时间有限，网络播出时间无限；电视新闻节目互动时间有限，网络播出时间无限。如 CCTV-4 的《新闻舆论场》节目，其采用直播形式，聘请部分专家学者对时事焦点新闻进行点评，但是节目时间有限，虽然也有与观众的互动，但是毕竟有限，于是就采取了电视直播与网络直播相结合的方式，电视直播节目结束后，电视端播放别的节目，而网络端继续播出该节目，让观众能够继续对新闻进行讨论，并由专家学者继续回答网友提出的问题，这一举措大大提升了节目的影响力，获得了观众的一致好评，也满足了观众对于新闻的关注需求，拓展了节目时长，实现了电视新闻节目自身的增值。

4. 丰富技术手段，实现多种方式直播

以往的直播必须有摄像人员、新闻采访人员等到新闻事件最前沿进行直播，但有的新闻事件的采访是有一定的危险性的，有损失人力物力的可能性，比如对战争及重大灾害的采访。目前，无人机、5G 全息虚拟投影等技术已经有效运用于电视新闻直播中，大大提升了电视新闻直播的科技含量。如新华社首创"全球5G沉浸式多地跨屏访谈"，使用5G网络传输和全息成像技术，让采访对象与记者实现"裸眼3D"般的面对面交流，实现了全实景、真跨屏的互动。

5. 科学改造电视直播演播室

时代要求电视新闻节目，尤其是新闻直播类节目必须与观众进行部分互动与沟通交流，这就要求我们对传统的新闻直播间进行改造，如设立互动屏幕、主持人使用笔记本电脑或平板电脑等方式看到观众所提的问题或者要求，如此才能更好地服务观众，让观众更好地参与到节目中去，提高新闻的传播能力。

综上所述，随着通信技术的不断进步，直播类电视新闻节目更能体现新闻节目的及时性与直观性，相对于其他类型的新闻节目更能适应融媒体时代的新闻发展方向，更能获得技术优势所带来的利好，是未来电视新闻节目发展的主要方向。

第三节 专题类电视新闻节目

一、专题类新闻电视节目的相关概念

"广播电视中对消息、评论（不包括述评）以外的新闻题材称为专题报道（或专稿），全部由专题报道构成或经常以专题报道为骨干的节目习惯上称专题节目。电视中指专题片，如北京电视台的《大白菜的述说》，中央电视台的《话说长江》等；广播中指有特定主题的节目以及对象性节目。专题节目篇幅长，时效比消息稍差，有些是连续、系列报道，能对主题进行较深入的开掘。专题节目一部分是临时性，不定期播出的，一部分是固定播出的。"[①]1958 年北京电视台播出的《到农村去》是我国专题类电视新闻节目的先驱，而1987 年中央电视台播出的两会专题节目则第一次在电视屏幕上显示了"专题新闻"字样。从新闻内容看，专题类电视新闻节目又分为典型性专题报道、思辨性专题报道和延伸性专题报道。

典型性主题报道以宣传主旋律下的优秀的人、事、物为主，能够引领时代发展，起到榜样作用，如对典型人物的报

---

① 刘建明，王泰玄，等. 宣传舆论学大辞典［M］. 北京：经济日报出版社，1993.

道和典型经验的报道。近年来，这样的主题报道经常出现在电视屏幕上。比如对于"时代楷模"的专题报道，对每个优秀人物的相关事迹进行了详细描述，以宣传时代精神文明典范，为每个普通人树立榜样，引领时代发展。类似的报道还有2015年劳动节期间中央电视台推出的系列报道《大国工匠》等。典型经验的报道更为丰富，在《新闻联播》等节目中均有体现，如"脱贫攻坚战"的连续专题报道，选择不同地区、不同类型的脱贫先进工作经验进行报道推广，有效实现了乡村振兴的战略目标，体现了我国脱贫工作的决心和有效性。

思辨性主题报道主要指以事实为依据，通过对事实的理性分析，多方面综合总结，深化公众对于热点问题、热点事件的了解和深入思考。比如《焦点访谈》节目就属于这一类型。

延伸性专题报道是指对专题报道中的人、事、物进行多角度、多视角的解读，从而挖掘出新闻现象背后的本质，还原根本的新闻本色，发现人物和事件背后的故事。如2017年1月16日，有媒体报道天津市静海区独流镇制售假冒品牌调料问题，一时之间成为舆论焦点。中央电视台的《新闻直播间》节目从事件的发生，天津市相关部门的反应，非法商贩的查处，相关官员被问责等进行了延伸性专题报道，给世人揭开了事件的真相，体现了新闻报道的客观性和公正性，获得了一致好评。

二、融媒体时代下专题类电视新闻转型方式

1. 从选题入手，挑选时代热点

在融媒体时代，新闻传播速度快，信息量大，做好专题新闻的选题策划就显得尤为重要。在保证新闻的社会效益的情况下，要挑选观众普遍关心、有兴趣的专题新闻进行报道，可以通过不同的渠道获取新闻信息，充分利用大数据的分析能力，选出热点事件、热点人物进行报道。由于目前自媒体盛行，我们可以选取自媒体中出现的热点事件进行报道，但一定要遵守新闻的公正性和客观性原则，不能以自媒体或者新闻记者自己的好恶进行观点描述。另外，一定要进行深入调查，要全面了解事件本身及背后的故事，不能断章取义，用部分事件进行报道。

电视新闻节目从业人员要积极开展调查活动，选取典型的人和事进行专题报道，在新闻节目的素材整理和新闻节目的制作过程中可以通过微信、微博、短视频平台等渠道与受众进行同步沟通，让观众了解事件前后的全部内容，从而增加新闻节目的观众黏性，让观众从单一受众变成新闻节目的参与者，从与观众的互动中找到其对新闻的关注点，有的放矢地进行新闻节目的制作，确保新闻的关注热度，缩小与受众的距离，扩大受众面和提高新闻节目的传播力度。

2. 合理编写文本，让专题新闻"接地气"

融媒体时代的受众年龄相对于传统新闻时代的受众要小，

更喜欢生动活泼的语言，而非一本正经的传统新闻语言，这就要求我们在专题报道时语言要更为多样。如报道社会热点时，可以使用部分网络流行语，以有效拉近与观众的距离。如《新闻联播》的融媒体节目所做出的变化，又如《共同关注》等节目现在均已采取诙谐幽默的语言风格，在正面说新闻的基础上，改变固有的语言风格，以满足受众需求，实现更高的新闻附加值。

3. 在新闻生产中融媒体与传统媒体并重

新闻生产是新闻播放的前提，在生产过程中，就要考虑融媒体渠道的播放要素，如此才可以事半功倍。新闻从业者在制作新闻的同时，就要考虑这条新闻在传统媒体播出的效果，也要兼顾门户网站、微信、微博等融媒体渠道的播放情况，兼顾推进。简单来说，对于同一新闻专题事件，不同播发渠道需要不同的传播方式，要通过不同方式进行录制，比如传统电视渠道，要以简要、正面的形式进行播放，而融媒体渠道则可以更全面、更详细，可以将事件的前因后果全部勾勒出来，以达到全景新闻的效果。

4. 积极使用新型科技手段

融媒体时代科技的更新很快，为了更好地进行新闻内容的描述，电视专题新闻节目应该主动采取新型科技手段，以给予观众更为直观的新闻体验和达到更好的传播效果。如中央电视台在三星堆系列专题报道中，运用多维拍摄法、AI造像等高科技手段，还原了三星堆文物的最初样貌，生动形象地体现了古蜀国技艺的精湛和我国历史的悠久,在满足观众求知欲的基础上,引导观众对古蜀国历史进行深入思考,同时对不完整的文物进行了数字还原,使得新闻整体更加完整丰满,传播内容更加准确,厚重感更强。

第四节　短视频电视新闻节目

5G 时代的到来，加快了短视频行业的发展。我国短视频行业开展很早，随着移动互联网的发展而出现，真正实现快速发展是从 2016 年起。随着 4G 网络的普及，各类短视频平台开始迅速发展，如抖音、快手等。随着短视频行业的发展，其制作门槛不断降低，从最早只有专业人士制作网剧、网络电影，到现在知识、新闻、娱乐、教育等，短视频无处不在。随着智能手机的普及，人们观看新闻的方式已经从看电视、听广播变成了看短视频，可以说短视频已经成了我国新闻行业重要的组成部分，2018 年，作为我国新闻的权威奖项的中国新闻奖首次设置短视频奖项，这也为短视频新闻节目的发展定下了基调。有关数据显示，2019 年短视频持续保持高增长态势，独立用户数达 6.4 亿。2020 年 7 月 9 日，字节跳动旗下的抖音日活跃用户数量已突破 3.2 亿。除此之外，根据统计，使用短视频的用户规模正在逐渐扩大，收视人群已经覆盖了全年龄层次。人们在移动端形成了短视频的收视习惯，必将对传统媒体收视带来影响。从传统媒体的角度来看，短视频在传播方式上进行了创新和转变，算得上是一次理念上的改革，同时，短视频也成了网络上各大行业的竞争手段。因此，传统媒体在短视频领域的探索和尝试势在必行。

短视频新闻节目谈不上融媒体转型，其从出现开始就属于融媒体，但传统电视新闻节目在短视频新闻节目的制作上有着得天独厚的优势。首先，电视新闻制作单位有着丰富的新闻素材和独特的行业优势，比如自媒体可以报道身边发生的奇闻趣事，但是对于一些重大政治事件和国际新闻则束手无策，新闻通讯社不会将新闻素材交予个人进行编排，但是电视新闻节目制作方则有这方面的丰富资源。其次，电视台的公信力是其他自媒体所不能比拟的，观众对于电视台的新闻还是有相当的认可度的。再次，电视新闻节目从根本上讲就是制作视频节目，且电视台拥有先进的视频处理设备及配套软件，非业余剪辑视频软件可以比拟的，两者的视频处理能力不在同一层级。最后，电视台拥有大批专业记者、编导、视频技术人员，其专业性强，技术水平高，生产出的视频与业余的自媒体工作者相比有着明显的优势，再加上电视台拥有的大批主持人、播音员等专业播出人员，属于公众人员，对于观众的吸引性较强，较容易受到关注，使得视频的关注度相对较高，更能够实现有效传播。以东方卫视为例，其在抖音平台注册的东方卫视官方账号截至 2023 年 5 月，已有粉丝 2452.5 万，共有短视频作品 2.1 万个，作品获赞 9.5 亿，其中新闻评论性节目《东方快评》已有 370 期，播放量达到了 2.4 亿。而作为全国电视新闻节目旗舰的《新闻联播》的抖音官方账号，尽管短视频只有 2418 个，但是粉丝达到了惊人的 3628.5 万，由此可见，传统电视新闻节目在短视频新闻上有着广阔的发展空间。

要想做好短视频新闻节目，电视人必须重视以下几点：

一、专业角度制作模式和用户角度制作模式的结合

在短视频领域，传统媒体需要将从专业角度制作模式和从用户角度制作模式相互结合，让短视频内容既符合大众口味又具备传统媒体的权威性。如四川广播电视台推出的抖音官方账号"四川观察"，目前作品已有2.2万，粉丝4703.3万，获赞36.5亿。在其合集中，既有宣传主旋律的"全国两会2023"全面报道（播放量4900.6万），又有时事热点"蔡天凤碎尸案"（播放量8243.4万），还有社会焦点事件"胡鑫宇事件"的25期短视频连续专题报道，甚至每条短视频不超过10秒，但实现了1.6亿的播放量，传播效率惊人。这就是我们所说的"特级大厨烹制家常菜"，从观众所关心的问题出发，凭借自己的专业性、权威性做好新闻传播，实现新闻价值。另外，其内部采用的24小时发布制，大大提高了新闻的及时性，用不间断的更新，捕捉新闻热点，让自己的发布实现"人无我有，人有我有"，其客户端App的上线，更增强了其推广力度。由此可见，优秀的原创短视频内容加上有效的传播，是短视频新闻成功的关键。

另外，短视频新闻为小型地方电视台提供了广阔的平台，一些地市级电视台，无论从影响力还是收视率方面来看，都是无法与中央电视台、省级电视台相比的，其新闻节目的收

视率很难提高，但短视频给他们提供了出路。如淄博市广播电视台，其在抖音官方账号的粉丝达到了 277.9 万，共有 1200 个作品，其内容涉及政治、社会、教育、养生、社会等多个方面，甚至还有广告，最高一条视频播放量超十万，尤其在 2023 年淄博烧烤爆火后，其访问量更是急速上升，形成了虹吸效应，为新闻的传播带来了巨大的红利。还有部分地方电视台的融媒体官方账号，聚焦本地特色，从风土人情、特色美食、名胜古迹、城市建设等方面下功夫，丰富了新闻内容，宣传了城市形象，为城市的发展摇旗呐喊，起到了重要的宣传作用。

二、用短视频打造传统节目新 IP

以短视频辅助传统电视新闻节目的形式已经目前已经被许多传统电视新闻节目所采用，并且取得了良好的效果。以央视《财经小师妹》官方抖音号"财经小师妹"为例，其目前已有粉丝 167.7 万，获赞 1794.2 万，共有作品 308 个，其中关于"青山控股伦敦镍交易事件"的专题报道，虽时长不到两分钟，却将该事件的前因后果分析得十分透彻，对事件的开端、发展、结局都有明确的解读，用简要的语言体现了我国企业的智慧和外资的险恶用心，该视频获赞 69.3 万，播放量已达到千万量级，大大超过了该栏目在电视端的收看人数，扩展了新闻传播范围。又如发表于 2023 年 4 月 11 日的"席卷全国多地的降价潮"专题报道，全面分析了汽车自杀式降价的原因、消费者的心理、汽车补贴等多方面市场状态，分析各方对于降价的反应及其原因，让观众全面了解汽车降价的由来，该视频新闻推出不到1个月时间，点赞量已经超4万，阅读量达到百万，可见短视频新闻的传播力度之大，是传统电视新闻节目所无法企及的，且其观看时间不受限制，地点不受限制，可以随播随看，大大提高了新闻传播的无界性，是对电视新闻节目的有力补充，甚至可以说为传统电视新闻节目创立了新的IP，打造了新的形式，造就了新的品牌，如江苏广播电视台的融媒体矩阵IP名称为"荔枝"，而湖南广播电视台的IP为"芒果"，上海广播电视台为"东方"，中央广播电视总台为"央视频"等，新的IP也创造出新的新闻价值及商业价值，如之前说的《财经小师妹》的抖音账号橱窗中，只陈列了一款电动牙刷，但标价将近400元的商品，居然销售了4万件，由此可以得出，该账号的重要目标在财经新闻传播，而非以网络带货为主，但该账号拥有很高的商业附加值，如果需要实现经济效益，在现有基础之上进行些微调整即可实现。

三、短视频新闻与传统电视新闻节目的制作方法不同

短视频新闻节目虽然与传统电视新闻节目都属于视频节目，但是其制作方法却有一定的不同之处，尤其在表现手法和制作模式上有着很大的区别，我们不能将传统电视新闻生

硬地分成不同条目直接进行推送，必须针对短视频的特点对新闻内容进行重新策划，甚至是对视频重新剪辑，实现"一次采访、分类制作、定向推送、多屏分发"的"采编发"新流程，最大程度释放出媒体融合的巨大优势。

第一，短视频新闻节目的制作要突出"短"字。

电视新闻节目可以根据自己的规定播放时长进行新闻的播放，有的重点新闻甚至可以达到数分钟一条，如《新闻联播》中的重要政治头条新闻等，但短视频新闻一定要将精华集中在开头的 30 秒，甚至是 15 秒内。根据网络的碎片化阅读特征，如果短视频新闻在开始的短时间内无法抓住观众的眼球，那么其完播率会呈现断崖式下降，就像我们看到的部分短视频电视速看，都会将最为精彩的部分放到前 10 秒或者前 5 秒，只有引起观众的兴趣，才能实现更高的完播率，新闻节目也是如此。例如新华社的"新华 15 秒"定位为"秒视频"，用 15 秒时间为受众提供全球热点新闻，符合碎片化时代用户的阅读习惯。

第二，要重视短视频新闻的标题。

重视标题，并不是说我们都要变成"标题党"，但是能够概括新闻大意并具有吸引性的标题一定会对新闻的传播产生良好的推进作用。如某电视台播发的短视频新闻标题为：金价今年还要"狂飙"数百美元，你囤了吗？这一标题很好地利用了当前热播的电视剧《狂飙》，"你囤了吗"又显示出活泼的语言风格，易于被广大民众所接受，而且整个标题也展现了新闻的主要内容——金价又要上升，让观众对新闻内容有了大概的了解。同样是这则新闻，如果标题为"全球金价即将上涨"，虽然也展示了新闻的主要内容，但其标题就失去了对观众的吸引力，播放量就会有一定程度的下降，受众也会相应减少。

第三，短视频新闻虽短，但一条新闻就是一个故事。

短视频新闻的制作者不是传统电视新闻节目的技术人员，而应该成为拥有大量新闻素材的编剧，有效整合新闻素材，让新闻更为丰满。在保证准确性、以事实为基础的前提下，在新闻事件中提取出"冲突"，则会使得新闻的故事性更强，有了戏剧的相关元素。如《四川观察》在报道"浙江金华插队事件"中，将当事人"你惹错人了！我就要插队"这一不文明行为作为矛盾冲突点，并配以当场实况视频，将事件的全过程展示给观众，其中"我们是不好惹的"等冲突点为新闻提供了爆炸点，一经播出立即上了"热搜榜"，短短数日，视频播放量近千万，点赞量11.3万，实现了新闻的有效传播，将社会热点展示在观众面前。同时，短视频新闻要重视新闻中的数据，央视新闻在报道第133届广交会的新闻中，就是以数字为主，如"150万平方米，展览规模历史最大""5700家优质企业参展""3.9万家企业线上参展""进口展扩至3万平方米"等，用数据说明了我国出口贸易仍然韧劲十足，在全球经济"遇冷"的时刻，仍能保证自身强大的贸易能力，也突出了广交会为境内外企业搭建了高效的沟通交流和贸易对接平台，体现了广交会的优势。

最后，要突出短视频新闻的互动优势。在短视频平台，无论是新闻还是其他内容的视频，观众均可以进行点赞、评论等，体现出较大的交互性。所以，我们在短视频新闻中插入可以讨论的内容，供观众进行评论，提高该条短视频的权重，加大新闻的展现率，让更多的观众看到新闻，参与新闻，提高观众参与度，增强观众黏性。

从以上内容可以看出，短视频新闻是传统电视新闻的重要转型方向，而且设备投入少，可操作性强，对于中小型电视台来说，更是融媒体转型的重要方式。我们要用好短视频新闻的形式，满足时代要求，让新闻实现自身价值，更好地为观众服务，提高观众对于新闻的满意度，实现更高的社会效益。

第五章

融媒体时代电视新闻节目存在的弊端

第一节　电视新闻节目的娱乐化倾向

随着时代的进步，电视新闻节目为了增强自身传播能力和观众的接受能力，自身进行了改革，其中重要的一项就是一改过去严肃、呆板的播音风格，部分内容改为轻松愉快的语言风格，并有意拉近与观众的距离，以更好地实现传播和市场价值，增强自身的吸引力。但新闻不是娱乐节目，不能过度娱乐化，仍要保持自身原有的新闻特性，不能为了流量和市场而过度娱乐化，否则就会丧失新闻的专业性和准确性，同时使自己的公信力降低，反而会使大量观众流失，自身利益受损。目前，我们发现的电视新闻娱乐化弊端有以下几种表现：

一、随意插播广告

随意插播广告，会破坏新闻的完整性和严肃性。广告是电视节目主要的经济来源之一，广告的收入直接决定了电视台的经济效益，因此，有的电视新闻节目无视新闻的完整性，在节目中随意插播广告，而且广告是为广告商服务的，在不违反国家相关法规的情况下，内容势必要向广告商倾斜，以其为主，这就造成了广告内容的良莠不齐，有的广告为了吸引眼球，内容相当低俗或商业味道十分浓厚，这就对新闻的严肃性造成了影响。同样，这种现象也经常出现在短视频新闻中，而且并不是个例。广电总局曾明确发文规定，在电视剧播放期间，不得在电视剧中插播广告，以影响观众的收视效果。虽然对于新闻节目则没有相关要求，但是其实道理是相同的，一个时长在一小时以内的电视节目，如果被广告分割得支离破碎，会影响观众的收看体验，使观众产生烦躁情绪，会给节目带来不良后果。对于新闻这种专业性较强的节目来讲，更是如此。

所以，对于电视新闻节目来说，广告虽然很重要，但不能随意插播。《新闻联播》节目在开始前五秒、结束后的一分钟左右插播广告，这样做保持了新闻节目的完整性，不但广告效果很好，而且不会影响观众的收看体验，既赚到了钱，又保持了自身的严肃性，这种做法是值得学习的。

二、新闻内容庸俗化

当今时代的电视新闻节目，其告知功能已经被逐渐弱化，这一功能更多地被一些网络渠道所取代，如北京市某日指定的汽车尾号限行，大多数人不会为这一信息去专门收看电视新闻，通过手机即可查找，甚至一些媒体会主动以文章、信息等形式进行推送，完全不用用户去主动查找。在这样的背景下，一些电视新闻节目为了赢回观众，在新闻中寻找猎奇、低俗的内容进行报道，这一现象突出体现在一些文化新闻、娱乐新闻中。文化新闻的主要目的是报道文化的最新发展及最新发生的文化事件，以彰显我国文化的先进性。而目前某些文化新闻俨然已经成为某些演唱会、商业演出的广告，如某日某歌星将在哪里开办个人演唱会等，没有了文化的味道，反而成了娱乐新闻的附庸。娱乐新闻就更不用说了，由于其本身就属于娱乐范畴，很少人关注其本质的新闻功能，成了对明星和公众人物生活的探究场，新闻内容常常以探究明星的生活、婚姻、收入等为主要内容，以满足观众对于公众人物生活的好奇心，脱离了新闻的本质属性，更何况其中还掺杂了部分假新闻、"想象新闻"等违法违规现象，严重损害了电视新闻节目的公正性与权威性，长此以往，电视新闻的公信力将进一步降低，产生严重的不良反应。在融媒体时代，这种"有流量、吸眼球"的新闻层出不穷，甚至很多来自于自媒体的假新闻，不经调查即被使用，造成了极其严重的后果。针对部分商业视听节目网站违规发布社会类、娱乐类新闻节目，内容导向不正等问题，广电总局早在 2016 年 8 月就印发了《国家新闻出版广电总局关于进一步加强社会类、娱乐类新闻节目管理的通知》。该通知称，近年来，广播电视播出机构和视听新媒体机构充分发挥社会类、娱乐类新闻节目贴近性强、生动活泼的特点，服务百姓，培育风尚，受到人民群众的广泛关注；但也有一些报道出现了正能量不足、价值观不正、审美情趣不高等问题，引起社会舆论批评。部分商业视听节目网站违规发布社会类、娱乐类新闻节目，内容导向不正等问题时有发生。

该通知指出，社会类、娱乐类新闻要加大正面宣传力度，充分展示社会各方面健康发展和蓬勃向上的态势，聚焦主流，反映进步，凝聚人心，鼓舞士气；要防止集纳社会阴暗面、炒作无聊信息、调侃严肃话题，以免消解信心、涣散士气。要坚持全面、准确、真实、客观原则，运用马克思主义立场、观点、方法分析新闻现象，严格新闻采编规范流程，依规慎用来自网络等渠道的新闻线索；坚决防止主观片面、以偏概全、误导群众，坚决防止道听途说、主观臆测、跟风炒作。广播电视播出机构不得开办专门转发网络信息的新闻和评论节目。

同时，该通知还指出，社会类、娱乐类新闻要大力弘扬中华优秀传统文化，倡导自强不息、敬业乐群、扶正扬善、扶危济困、孝老爱亲等优秀思想和传统美德，涵养道德情操；不得恶搞优秀传统、亵渎文化经典、调侃崇高精神和追捧西方生活方式。要大力弘扬革命文化和社会主义先进文化，弘扬以爱国主义为核心的民族精神和以改革开放为核心的时代精神，突出报道新时期各行各业涌现出爱国、敬业、诚信、友善的时代楷模和身边典型，唱响爱国主义、集体主义；坚决防止追捧明星、大款、网络红人，坚决防止炒作个人隐私、情感纠纷、家庭矛盾，坚决防止宣扬一夜成名、炫富享乐、自私自利、勾心斗角。要坚持健康格调品位，积极传播真善美；坚决防止不加批评地展示丑闻劣迹、丑行恶态，坚决抵制搜奇猎艳、血腥暴力、矫情滥情、低俗媚俗、挖苦贬损。

该通知最后指出，互联网视听节目服务机构不得制播社会类、娱乐类新闻节目，这也加强了传统新闻机构的权威性，为传统新闻机构指明了未来的发展方向。

另外，有的电视新闻报道国外战争等场面时，故意突出血腥、暴力等镜头，以此吸引流量，这也是不可取的。对于这类事件的报道，要本着道德导向，突出战争对于平民等带来的灾难性影响，说明和平的重要性，倡导遇到冲突时要坚持和平谈判原则，避免流血冲突，尊重人类根本的生存权。

除了上面所述，法治新闻中不强调新闻本质内容，故意叙事玄虚，将案件表示得离奇、耸人听闻；民生新闻中"鸡下了巨大的蛋""种出了巨型南瓜"等没有新闻价值的内容，都属于内容低俗，违背了新闻的本质要求。

三、内容表现形式雷同

现在每个省、每个地区都有电视台，都有相应的电视新闻节目，但每个单位的新闻素材存量不同，这就容易出现新闻内容及表现形式雷同的现象，尤其在一些中小电视台的新闻制作中，由于新闻素材及专业人才的相对匮乏，就容易出现抄袭或者新闻"换汤不换药"的问题。从根本上说，除了一些重要政治新闻不可更改，应该统一口径外，各个电视台应该发挥自身优势，从地域出发，突出表现自己所在地区的民情、风俗、城市发展等，这些反而是大型电视台所无法兼顾且本地观众喜闻乐见的方面，如青岛电视台可以就青岛啤酒节进行系列报道，既突出了当地特产青岛啤酒，又展示了近些年青岛城市面貌的变化，而对于这些内容，中央电视台则无法进行如此细致的素材采集及连续报道，且青岛市民及希望参加青岛啤酒节的相关观众则会比较关注，这在一定程度上增强了青岛电视台的新闻传播能力和品牌效应，能起到良好的传播效果。但如果青岛电视台非要在国际形势的新闻上和中央电视台上"掰掰手腕"，那样的新闻只能和央视新闻形式雷同，内容相近，且在新闻制作上要弱于央视，这就得不偿失了。

四、新闻真正的核心价值被掩盖

电视新闻娱乐化的核心是得到更高的收视率，而提高新闻娱乐性的重要手段就是将新闻情节化、趣味化，让新闻走向猎奇、新奇，但是新闻本身并没有太多的趣味性，这就使得许多新闻记者用更多的精力去挖掘新闻背后的趣味性事件，而非新闻本身所应具备的核心价值。

五、假新闻的出现

传统媒体在某些方面代表官方的声音，也代表官方的态度，属于社会公器。正因为如此，传统媒体才拥有一定程度的公信力，为广大民众所信任，作为传统媒体中拥有声音、图像等媒介属性的电视新闻节目，更要保证新闻的真实性与准确性。而近些年电视新闻的公信力有下降的趋势，其中重要的原因之一就是新闻节目娱乐化后，新闻的真实性有所下降。尽可能真实、全面地展示新闻事件的全部信息，保证受众能够通过新闻获取全面、正确的信息是电视新闻节目的任务。然而新闻的娱乐化，一些新闻制作机构积极表现新闻事件中的冲突、矛盾、与众不同，将新闻本身进行夸大、扭曲，甚至不经调查播发假新闻，会大大降低新闻机构的公信力，新闻采编变成了"编剧"，致使新闻严重失实。

六、新闻正能量减弱

电视新闻节目虽然不是教育节目，但作为大众传播媒介，也承载着传播正能量、教化大众的功能，新闻工作者通过新闻本身的内容，或赞颂、或讴歌、或提倡、或批判，弘扬正能量，批判社会上一些不道德的行为，在潜移默化间匡正了公众视听，实现了新闻的教育意义。虽然这种教育不能等同于学校教育与家庭教育，但是，快捷、生动、形象的传播方式和易于接受的视听形式却比其他教育方式更能为大众所接受。所以，电视新闻又是一种有教育意义的大众传媒栏目。如果新闻节目过度娱乐化，就会弱化这种教育功能，甚至会影响大众主流文化意识，加剧社会矛盾，对正常的社会秩序造成影响。

综上所述，电视新闻节目要活化播出方式，善用语言脚本，更好地贴近观众，"接地气"，但切勿走向极端，走入娱乐化误区，那样将丧失新闻的本质、底线，使得传统媒体的公信力下降，造成不可挽回的损失，一定要注意不能一味为了经济效益而把新闻场变成娱乐场，只注重收视率、流量，反而会流失观众。

第二节　电视新闻节目
滥用网络素材现象

随着科技的不断发展，互联网已经成为当今世界信息发布的最大媒体，互联网每天都有不可计量的新信息出现，但良莠不齐、来源不明，信息真实性堪忧。作为电视新闻工作者，要用好互联网，可以进行素材搜集、新闻发布等重要工作，但不能以互联网为新闻素材的主要采集渠道，仍要积极采访、搜集重要的新闻素材，如果每天只盯着互联网的热搜、每日焦点，那样的新闻会在真实性、准确性、完整性上大打折扣，还会造成其他重大后果。目前，电视新闻节目滥用网络素材的现象时有发生，对此，电视新闻节目工作者要注意以下事项：

一、应有效地辨别自媒体信息

随着短视频等新媒体平台的出现及智能手机的普及，每个人都可以成为自媒体，都可以用手机将身边发生的趣闻趣事传到网上进行发布。许多网络平台为了丰富信息量，会根据用户所上传素材的播放数量、互动数量对上传者进行奖励，这就催生了一个全新的职业——职业自媒体。作为一般的自媒体来说，无非是因为兴趣等分享自己身边的趣事或者遇到的事件，主要的意义在于分享，而非收益；但职业自媒体的目的在于发布信息之后获得的报酬，以此作为职业，所以他们的目的就相对不那么单纯了，他们注重流量，注重收益，且没有新闻行业的相关知识与专业素质，一切向经济效益看齐，只要能够吸引流量，从不考虑信息的真实性与准确性，没有核查信息真实性的愿望与能力，这就造成了许多虚假信息的流行。如 2020 年 7 月，杭州的谷女士在其所居住的余杭区某小区驿站收取快递，被驿站旁边的便利店经营者郎某用手机拍下，郎某等人经过恶意剪辑，将该事件描述成"小区居民出轨快递员"，并在公众号上进行了传播，一些无良自媒体不分青红皂白就直接转载，满足了一部分人的猎奇心理，并形成了大量传播，给当事人带来了巨大的心理压力，后经警方调查，民事诉讼升级为公诉，郎某被判诽谤罪，被判处有期徒刑两年，缓刑一年。

又如 2022 年 2 月，一个自称河北衡水桃城中学学生的用户发文称该校存在体罚学生等问题，后此事经界面新闻等传统媒体的融媒体平台进行转发，在网上形成了舆情，后又有新媒体发布该校初中部的老师对学生进行猥亵以及学校拿出大量现金进行删帖等信息，一时间舆情汹涌，在社会上掀起了波澜。但经当地公安部门调查，此事起因是两个学生不满教师的训斥，伪造了"体罚事件"和"猥亵事件"，后被甘肃网民仇某发现，伪造发布了后面的信息，以此牟利。仇某因此被采取刑事强制措施，两名发布不实信息的未成年人也被公安部门进行了批评教育。这则消息如果没有传统媒体的融媒体账号发布，是不会造出如此声势的，正是有了传统媒体的背书，才造成了网络舆情的发酵。

由以上事例可以看出，自媒体所发布的信息中有很多都是虚假的、伪造的，如果电视新闻从业者不探究新闻的真实性，不去实地采访，直接使用就会造成虚假新闻传播，轻则需要道歉，重则产生严重舆情，会被问责。

二、不可根据网络热点杜撰新闻

网络热点代表社会及广大民众关注的焦点，电视新闻从业者可以对焦点进行报道，但一定要根据新闻的要素进行相关事件的采访，不能根据焦点本身进行杜撰。如2020年，有人提出鸭子是蝗虫的天敌，比其他方法管用，当年2月《宁波晚报》A09版发表报道《鸭子是灭蝗界"天才"吗？宁波"鸭兵"能出国灭蝗吗？浙江省农业科学院专家——解答》，声称"根据巴方需求，中国政府已派出蝗灾防治工作组抵达巴基斯坦。随后，10万'鸭子军队'也将代表国家出征灭蝗"。中国经济网等多方媒体经过调查，证实该消息为伪造，没有查到新闻来源，为相关人员杜撰而成。

三、必须经过调研了解事件真相

网络视频消息大多属于短视频类，长的不过四五分钟，短的甚至只有几十秒。电视新闻从业者如果对网络视频消息内容有兴趣，则必须进行事件全景调研，不能断章取义。以发布者的观点采编新闻，往往会破坏新闻的准确性与完整性。以 2023 年 4 月 30 日的"景区回应上厕所要花 55 元买门票"事件为例，网友在某平台上传了"桂林木龙湖景区上厕所要花 55 元钱买门票"的视频，内容为一外地游客欲方便，想进入景区如厕，但受到保安大爷阻拦，后经某传统媒体的融媒体账号转发，造成了社会舆情，上升为"桂林旅游乱象""桂林旅游吃相难看"等行业问题，但经网友多方调查，该游客有景区外的免费公共厕所不用，非要进入景区上厕所，而进入景区需要门票的惯例路人皆知，假如保安大爷放他们进去，他们上完厕所，"免费"游玩景区，又该谁负责呢？假如放他们进去，后面有人如法炮制，那么是不是进入景区都不用买票了？假如让他们进去了，不让其他人进去"方便"，是不是又会出现如"桂林某景区区别对待游客""桂林某景区地域歧视"等舆情呢？这就不得而知了。新闻确实需要体现及时性，但仍要在调查查实、追本溯源的基础上，不能只凭一段一分钟的视频就进行相关报道，再加上博人眼球的标题，舆情就此产生，结果是迫于舆情，该景区停业整顿，估计保安大爷也难逃被辞退的命运，可是这又是谁的错呢？

四、不能只看平台标识，不进行新闻辨识

网络平台会给符合平台资质的内容提供者提供相应的标

识，以新浪微博为例，该平台会给一些粉丝较多、进行了实名认证的用户提供金色"V"字标识，我们俗称其为"大V"；会给一些企业或者官方机构蓝色的"V"字标识，以证明其合法性。但有的蓝色"V"字标识用户冒充官方新闻机构进行新闻发布，一些传统媒体的融媒体平台发现后，不对新闻进行辨识，直接转发该条新闻，认为既然已经是官方认证的同行机构发布的新闻，不用再对新闻进行辨识及溯源工作，如此在传统媒体的公信力引导下，该新闻造成了严重的社会舆情，产生了恶劣的影响。

第三节　电视新闻从业者的
专业素养有待提升

在融媒体时代，电视新闻事业充满了挑战性。与以往相比，信息量的绝对提升给电视新闻从业者的专业素养带来了前所未有的挑战，如果不能正视这些挑战，不断学习，就会被时代所淘汰。目前，一些电视新闻从业者思想固化、能力不强、上进心不足，其专业素养有待提升。下面，我们从电视新闻从业者所需的专业素养方面进行分析。

一、融媒体时代电视新闻从业者的政治素养

我国的新闻机构是党和人民的喉舌，是党和人民沟通的桥梁，在这个前提下，政治素养是电视新闻从业者必须拥有和强化的素养。新闻工作属于意识形态领域的工作，其通过新闻报道和新闻评论对广大人民群众的思想和行为产生直接或者间接的影响，能有效引导社会舆论。我国的电视新闻工作者要不断加强学习，始终与党中央保持高度一致，要对党负责，对人民负责，服从党的领导，遵守党的纪律，时刻牢记为人民服务。政治是红线，任何人不可逾越，尤其是新闻工作者，更要不断加强学习，弄懂吃透党的方针政策，积极

向社会宣传传播党的声音，弘扬正能量，坚持正确的舆论导向。政治素养是电视新闻工作者最基本的素养，需要不断提高，不断进步。

二、融媒体时代电视新闻从业者的道德素养

在融媒体时代，电视新闻从业者要严守法律底线。作为电视新闻从业者，法律是不可触碰的红线，有偿新闻、新闻敲诈、受贿、泄露国家机密等都是不可容忍的违法犯罪行为。如 2010 年至 2012 年间，《中国改革报》记者王清机在《中国食品安全报》兼职期间，以建立"中国食品安全报质量监督跟踪单位"为名，违规向山东地区多家食品企业收取"公告费"，2012 年，又向山东某医院索要 8 万元"宣传费"，此事被曝光后，王清机被吊销记者证，被单位开除，被依法处理。

第六章

融媒体时代电视新闻节目的创新方法

第一节　讲好新闻故事

在当今时代，新闻不能不讲故事，也不能乱讲故事。不讲故事会使得新闻枯燥无味，直接变成事件的"流水账"，观众会感到枯燥，难以"下咽"，尤其是一些专题新闻，如果只是干巴巴地按照某一线索进行叙述，观众很快就会更换频道，不再关注，新闻的价值也就无从体现，新闻的作用也就没有了。但如果过度强调故事性，歪曲事实，会使新闻的真实性下降，而主观臆造、编写假新闻，则是绝对不可行的，如何在新时代融媒体环境下讲好新闻故事，可以参照以下几个步骤：

一、明确主题

这要求新闻工作者在进行新闻采编前要下功夫全面了解新闻事件的始末，要从中提炼出通过新闻事件所要表达的中心思想，带给观众的启示、思考等。我们还可以把这一步工作称为新闻的"立意"。新闻的立意，要有高度、有深度，符合时代发展的需要，要运用马克思主义思想来观察、处理问题，要与时代主旋律相吻合，在立意时要明确党的方针政策的要求，做好舆论引导工作。当下有些新闻，虽然内容属实，表述相对准确，但没有新闻意义，无法实现新闻价值。

让我们来看看有着较好立意的新闻。《人民日报》曾有一篇报道，记述浙江省玉环市经研究决定，将20世纪90年代建造的填海大坝拆除，改建为桥梁。其实这只是一个微观事件，但文章在立意上却抓住了当地政府贯彻十九大报告中强调的"绿色发展"问题，将填海大坝改为桥梁，有效利用当地的海洋资源，改善海洋的生态环境，实现经济转型发展。如此，这篇新闻就成了有效反映时代发展趋势的好文章，立意高远，体现了当地政府实现绿色发展的决心和举措。

又如，获得第32届中国新闻奖一等奖的湖南电视台的专题新闻报道《杂交水稻之父——袁隆平》，如果其立意只是局限于袁隆平的童年、求学、生活经历以及取得的科学成果上，报道就缺失了灵魂。此专题报道聚焦于袁隆平不懈追求、造福人类的精神，对观众起到了示范效应，在感慨袁老为人类做出伟大贡献的同时，体会到了榜样的作用，鼓舞自己为了追求不懈努力。再如，《7年不间断地资助，让她考上了理想的大学》是秦皇岛晚报2020年9月3日的报道，当时正值开学季，许多寒门学子的故事都在媒体上呈现出来，但是在诸多助学题材的报道中，这一篇最触动人心。因为该报道的记者不仅将一位好心叔叔资助贫困女孩读书的故事写了出来，更把人与人之间的温暖真情化成行云流水的文字展现出来，从7年前庞世斌第一次见到了

11 岁的小昭君说"想上学，叔叔供你"，到如今孩子考上陕西师范大学，他们之间已经有了亲人般的依赖。"每到春节，庞世斌和妻子会带着米、面、油来看望昭君，丰盛的饭菜让昭君觉得家里格外暖和；寒暑假，开车接昭君到家里住一阵，陪她看电影、去图书馆、逛街买衣服、吃各种美食……"这份温暖远远超出了普通意义上的助学，记者将诸多瞬间巧妙地融入报道中，让这股温暖更有力量，让读者感触更深。

新闻的主题，也就是新闻的中心思想，中心思想层次的高低决定新闻的质量。在融媒体时代，新闻的及时性、突发性更强，新闻视频的时长更短，这就要求我们有更好的立意能力，通过立意实现新闻的价值。

二、故事素材的选择

写好故事，要"言之有物"，要达到"言之有物"，就需要丰富的新闻素材，要想创作好新闻故事，要充分掌握新闻素材，要全面掌握新闻事件前后的多方面材料以及周边人对此事件的看法等。新闻记者要全面地调查，尽可能多地搜集素材，毕竟素材多了才可以进行取舍，没有素材则是"巧妇难为无米之炊"。寻找相关素材时，一定要保证素材的真实性、准确性，不能使用有疑问的素材，更不能自己杜撰，要在真实的基础上保证素材的质量和数量，为之后新闻的成形奠定坚实的基础。如《人民日报》2020 年

8月的一篇名为《搬出山沟沟，增收门路多》的报道，记者以河北省青龙满族自治县青龙镇龙潭村村民宋海搬入新家为开头，讲述了脱贫工作中，一位山区老汉走出山沟重新生活的故事。搬迁扶贫是脱贫攻坚的手段之一，青龙满族自治县搬迁人口1663户6184人，宋海是全县甚至是全国享受易地搬迁政策中的一员，从"四处漏风，躺在炕上冻得脊梁骨疼""住在山里，孩子生病救护车进不了村""因为离得远，孩子上学还得额外负担租房费用"……到现在暖和明亮的新居、卫生所就在家门口、孩子出门坐校车上学的改变，日子有了翻天覆地般的变化。记者在采访中没有放过任何一个细节，把握了每一个素材，这就给未来的故事结构搭建做好了准备，可以根据故事的结构进行有效取舍，最终形成一个优秀的新闻故事。

三、搭好新闻叙事结构

在明确了新闻的主题后，我们需要按照新闻事件的发展搭建新闻叙事架构，形成完整的新闻事件发展链条，使新闻内容紧凑、丰满，形成完整的故事形态。对此，我们需要注意的是，要对新闻事件进行全方位了解，不能曲解或片面了解，更不能听信一家之言，要保证叙事的公正性，要完全以第三者视角对事件进行描述，不能偏颇，以免损害新闻的公正性。除此之外，在构造叙事框架时，要避免无用素材堆积，要选用最能突出新闻立意的相关素材，以满足实现新闻价值的需要。

新闻故事的架构有很多种，有按照事件发展时间等的单线叙述，有根据地点、时间等的双线叙述，更有不同事件围绕主事件的多线索描述。方法不是唯一的，但其作用是固定的，都是更好地突出新闻事件的内在意义。可以说，新闻事件的结构是一门时间与空间相结合的编排搭配艺术。无论用何种方式，均要为主题服务，以还原新闻本质为目的，以此结构为纲，进行新闻的编排，写好新闻故事。

四、新闻节目的编排

在有了新闻的主题以及结构之后，手头有了足够的新闻素材，我们就可以开始新闻节目的编排。在编排中，为了写好新闻故事，应注意以下几点：

1. 文本语言相对口语化

电视媒体的主要体现形式是视频，即使在融媒体时代也是一样，这与传统新闻媒体，如报刊等以文字为主的媒体截然不同，文字是让受众进行阅读，而电视新闻的文本则是让受众听，所以文本需要一定的口语化，让观众较为容易接受，但口语化不相当于脱口而出、随心所欲，电视新闻写作的口语化也要讲求语言艺术和技巧。这样，播报起来朗朗上口，观众也更愿意收听。

最早的电视媒体，播讲新闻的方式比较接近于"宣讲"或"宣布"，传播效果类似于"通知"，语言枯燥无味，观众只是关注其中的信息，在满足了自己的信息需求后，就会跳转收看其他频道，这还是在过去"电视为王"的传播时代。在当今的融媒体时代，观众完全可以根据自己的信息需求选择不同媒介，枯燥乏味的电视新闻就会走向平庸。所以，要让观众有兴趣，电视新闻在语态上要口语化，要给信息传播带上鲜明的个性色彩。

有学者认为，《东方时空》的亮相标志着电视新闻"人格化"的开端。通过这个节目，人们开始领略到一种新的人际交流方式——口语化，看到了民间话语的鲜活、幽默、趣味，并让人感到电视新闻也可以随和、亲近和心领神会。在这种"人格化"的新闻节目中，电视一改过去"权力化"的"神格"话语特征，在新闻内容上，特别注重新闻事件的过程和细节，注重矛盾的冲突和悬念，注重人物的内心冲突，展现人物的性格特征，关注人物的命运；而在表达上，从"播报"向"讲述"转变，以真诚、平和的态度，融入讲述者的新闻激情，融入讲述者独特的气质和与众不同的个性，使观众在接收信息中深受感染。

从某些方面来说，新闻文本口语化拉近了电视新闻与观众的距离，改变了不平等的传播地位，也为将来更好地互动打下了基础。

2. 内容上要偏重听觉感受

电视新闻的主要受众是大众，不像某些专业图书的受众只是这一领域的从业人员或者研究、学习人员。所以，在新闻编排的过程中，要让内容偏向于"听"的方面，语言要通俗易懂，在专业方面少"掉书袋"，尽量少用艰涩难懂的专业语言，比如在介绍我国造船业发展方面的新闻，可以简要介绍我国过去船舶业在国际上的地位以及最近数十年的发展等，以体现我国船舶业发展的速度之快，但如果相当详细地从船舶的船体材料的相关数据、钢板的弯曲度等专业名词来撰写文本，不能说新闻不准确，但一般观众很难理解，更不会理解新闻的本质含义和主题思想，这样的文本就失去了新闻的意义了，更别说讲好新闻故事了。

3. 形式上要简明化

电视新闻文本在形式上，由于其口语化的特点，更加短，节奏感强，同时也具有不完整性。在口语上，多用双音词，不用或少用单音词；不用同音不同义的字或词；尽量将文言词或半文半白的词转化为口头语，如乃、故、为宜、甚好。尽量不用倒装句，少用、不滥用简称；不用或少用长句，多用短句。下面两例报道稿就很好地说明了这个问题：

A. 合肥市第一人民医院提出的首席医生负责制，让每一个病人从开始住院一直到出院都能得到一名副高以上的专家级医生及其领导的医疗小组的诊治和全程负责。

B. 合肥市第一人民医院提出首席医生负责制。这一制度让每个病人都能得到专家级医生的诊治。病人从开始住院一直到出院，都将有一名副高级以上职称的医生带领医疗小组对其进行全程负责。除了口语上的形式外，电视新闻写作在行文的结构上也有一定的形式。电视新闻写作主要以线性结构为主,力求单一、清晰;层次要分明,过渡、衔接清晰自然;文章的主旨要在文中主体部分反复提及,在结尾部分做呼应处理,再次点明主旨。

而且,在融媒体时代,电视新闻节目的语言要尽可能简洁。新闻的碎片化和视频的时间性要求新闻的文本能在最短的时间内说明新闻的本质和主题思想,不能用长篇大论做专题性评述,一般 30 秒左右的视频新闻讲解只有两百字左右,这就要求电视新闻文本极其简洁。

第二节　抓住新闻主角

本质上讲，新闻的内容是新闻事件，而事件本身大多是由人而起，这就要求我们制作新闻时，必须抓住新闻主角。无论传统电视新闻时代还是融媒体时代，抓住新闻主角，是恒定不变的要求，也是做好电视新闻节目的关键。

一、创新人物选择以及说明的角度

2015 年劳动节期间，中央电视台推出大型系列报道《大国工匠》，全片挑选了在国内不同行业 8 位顶尖的技术工人作为主要人物，选取其生活、工作的故事作为典型，歌颂以辛勤劳动实现"中国梦"的劳动者，在社会上引起了很大反响，至 2022 年 5 月，该系列报道已经推出了第九季，该节目之所以有如此旺盛的生命力和如此良好的成绩，关键在于其对于新闻主角的选择。节目选取的新闻主角不是国内外知名大学毕业的天之骄子，而是在平凡的岗位上数十年如一日坚持奋斗的工人，他们追求技术的完美和极致，最终在我国的国家建设中跻身国宝级技工，成为必不可少的支柱力量。这其中有让海底隧道成为安全坦途的管延安，有 30 年保持造纸成品率 100% 的周东红等，通过典型人物的塑造，成功凸显了爱岗敬业的可贵。爱岗敬业，是社会主义核心价值观中的内容之一。全片通过成功的人物塑造，有效地说明了筑就人生美丽梦想也好，践行核心价值观也罢，既不是虚无缥缈的，也不是高不可攀的。表面上，爱岗敬业是利他的；实质上，爱岗敬业也是利己的。换言之，它是满足社会需求与实现个人价值的有机统一，同时有效体现了只有那些热爱本职、脚踏实地，勤勤恳恳、兢兢业业，尽职尽责、精益求精的人，才可能成就一番事业、拓展人生价值的新闻核心思想。

二、有效串联人物行为和新闻内容的关系

抓住新闻主角不但体现在人物新闻中，在事件新闻中也同样如此。目前，很多的电视新闻节目在报道新闻时，很像事件的流水账，对于观众而言，其看起来很像小学生的日记，缺少事件中人物的维度。美国著名剧作家、编剧教练罗伯特·麦基在他所著的《故事》一书中说："人物真相只能通过两难选择来表达。这个人在压力之下如何选择行动，表明他到底是一个什么样的人，压力越大，其选择越能深刻而真实地揭示其性格的真相。"一个人在没有任何压力下的行为，基本上没有说明意义，而其在面对自身利益严重受损，甚至面对死亡威胁情况下所做出的举动，则完全是自然的一种品质表现。2023 年 5 月 12 日是汶川地震发生的第 15 个周年纪念日，在十多年前那场天灾中，很多人体现了人类最为优秀的品质。在当年的报道

中，电视新闻的叙事结构有效体现了"灾难无情人有情"的大爱精神，电视新闻工作者奋不顾身，为观众带来了第一手震撼人心的新闻素材，在新闻的编排中并没有简单地罗列地震事件，而是用一个又一个典型人物体现了地震灾情的严酷与中国人民互助自救的精神及救灾官兵的无私奉献，个个令人动容。还有在四川绵竹武都小学救灾的消防战士，在余震不停的情况下，坚持往废墟里面钻，坚持要接着救孩子，被战友拉出后，跪地哭求领导救人。这些都是当时新闻记者所记录的真实的人和事，如果只说事，则整体新闻缺少张力，所以在事件新闻中，新闻主角的选择依然十分重要。

又如某电视台推出的新闻报道，《爱管闲事的"的哥"王爱国》。主人公是一名普通出租车司机，在他当上出租车义务监督员之后，认真倡导诚信服务，毫不留情地管起同行来。作品始终围绕司机管司机引发的各种矛盾冲突，刻画王爱国独特的个性和难得的精神境界。作品中表现出的矛盾是多方面的，王爱国与被管司机的紧张对立，众多司机对王爱国做法的各执一词，王爱国和妻子之间的激烈冲突，社会各界对王爱国现象的种种看法等，这些矛盾来自道德观念、立场、利益等多个方面，归根到底都是人物自身的矛盾、人与人之间的矛盾和人与环境之间矛盾。作品把这些矛盾情节化、个性化、戏剧化、趣味化，使王爱国这个人物形象在不断的冲突中得以清晰起来、立体起来。作品里有一段话是司机跟王爱国说，他如果这样下去，迟早有一天要被揍扁。王爱国说，他可以去公证处公证一下，如果他在监督中真的被人打了的话，与公证处、公管处无关。当记者问到他家里人对这件事的态度时，王爱国直率地说："反对，所有人都反对，当时老婆把结婚证给撕烂了，但我认为这件事我做得对，一定要坚持做下去。"王爱国在压力下的选择，在矛盾中的坚持，将他一身正气的品格表现得淋漓尽致。这样的人物，这样的新闻故事，观众不会感到枯燥无味，不会感到千人一面。

三、选择有温度的主角

人物是新闻故事的灵魂，每一个优秀的新闻故事都有个性鲜明的主人公，主人公的表现要体现其为"人"的一面，有血有肉，有优秀有平凡，让观众能够真切地体会到主人公的温度，而非一个"高大上""不食人间烟火"的榜样模范。

如 2020 年 7 月 10 日，新华每日电讯用整版副刊报道"燃灯校长"张桂梅的事迹。记者将连续追踪报道 13 年的情感灌注于一文，将这枝"崖畔的桂，雪中的梅"展现在世人面前。《"燃灯校长"送 1600 多名女孩出深山》一文荣获中国新闻奖一等奖，自有其过人之处。仔细研读文本，除了记者采访扎实，挖掘出一些既往报道没有提及的细节故事之外，叙事的平实、质朴，也构成了独特的表达力，与张桂梅的人格特质十分契合，既还原了张桂梅的朴素人设，又反衬出其作为"燃灯者"的不凡之举。这似乎给我们一个启示，越是典型人物，越不需要文本的虚张。平实、内敛的叙事，反倒更具有表达力，更能传递人物所蕴含的力量，更能形成与阅读者的共情。

虽然这是一则通讯报道，但是也可以被电视新闻节目所借鉴。

首先，好的人物报道需要好的故事，而好的故事总是由好的细节构成。人物通讯常用的手法是现场还原。现场还原，究其实质，还原的就是彼时彼刻的现场细节。人物有血有肉，全赖细节支撑，细节是一篇报道的"硬菜"。这篇得奖作品在细节的采集、选取和表达上，下了很大的功夫，有意义、有意思的细节贯穿全文，使典型人物鲜活生动、可亲可敬。文中有一段细节描写，叙述了张桂梅十几年来坚持的一项颇具仪式感的"日常工作"——每天早上5点15分，她都会准时从女生宿舍的铁架床上爬起，忍着全身的疼痛，乘坐宿管员的电摩托来到教学楼，颤巍巍地从一楼爬到四楼，把每一层楼道的电灯点亮。

读罢，张桂梅的呕心沥血以及执着个性便跃然纸上了。这个细节之所以好，就是因为其"实"。所以，好的细节，就是"实"的细节；"实"的细节，才会有强的表现力。我们经常看到一些人物报道，总感觉有些空，原因就在于细节不实。抛开细节虚构之类职业禁忌不谈，主要问题是采访环节没有挖掘到有价值的细节，或者在写作环节，不善于用"描述性"语言，"概述性"表达太多。

在人物报道中，"描述"应该是主体，"概述"主要是起承转合时的"跨笔"之用。文中有一段"描述"相当精彩，赴京参加党的十七大的张桂梅把县里给她的几千元服装费留给了福利院，于是出现了如下一幕——一位新华社女记者突然把她拉了过去，悄悄对她说："你摸摸你的裤子。"张桂梅一摸，羞得脸通红，她的牛仔裤上有两个破洞。正是在党代会上的这次"出丑"，助她圆了办学梦。

其次，人物报道的温度，来自情感的表达。这既有对人物内心和情感世界的展现，也包括采写者的情感投射。这篇获奖作品对张桂梅的情感世界的挖掘也是立足于"实"，都是人物的真情流露，而采写者的情感投射也比较克制和适度，没有虚夸的成分。报道通篇没有张桂梅表述自己如何爱大山里的女孩，但这份厚重的、亦师亦母的爱可以说是力透纸背。而作者也不曾在文中赞美张桂梅如何，只是在恰当的地方点到为止，看似轻，实则重。比如，表达张桂梅的情感是这样的——"我刚来华坪一年，并没有为这里做什么，这座小城却对我这么温暖。"张桂梅说："我对自己说，活着吧，好好活下去，这座小城对我有恩，活着还可以还人情债。""女孩子胆小，把灯提前打开，她们来晨读会感觉更安全、更踏实。"张桂梅如此解释自己的执拗坚守。

　　而作者投射自己的情感是这样的——楼道里，她瘦弱的身影，犹如一盏明灯，照亮了一届又一届大山女孩们的追梦之路。这样的表达含蓄，不夸张，却内蕴深情。情感表达得平实、收敛，在人物报道中往往能积蓄更强烈的共情力。而在一些不成功的人物报道中，文字上的煽情几乎是一个通病。

　　最后，典型人物报道自然不能仅仅满足于把故事讲生动，对人物精神境界的提炼和传达，也是必备的能力。这篇得奖作品完整展示了张桂梅从一名普通教师成长为"燃灯校长"的人生和心路历程，每一次人生的转折都有过硬的故事支撑，使得张桂梅作为"燃灯者"的精神境界，非常自然地传达给阅读者，事和理水到渠成、水乳交融，体现了作者驾驭文本、拿捏尺度的水平。

　　张桂梅的"无我"，感动了很多人，但作者并没有抽象地去传达她的无私奉献，而是很具象地予以呈现，比如引用张桂梅说的话："一个女孩可以影响三代人""我的目标是阻断贫困的代际传递""我情况不太好，能不能让民政部门把丧葬费提前给我？我想看着这笔钱用在孩子们身上"。又如，让校办主任来讲，每次跟着张老师家访，就像一路在跳"脱衣舞"，走在大山里，一看到老乡没衣服穿，她都会把外套脱下来，披在老乡身上。典型人物的精神境界，通过写实的表达，往往更走心。

　　新闻作品毕竟和理论不同，对当事人精神世界的展示，抽象程度不宜太高。抽象程度太高，精神境界的独特性就难以表达，抽象成几个"高大上"的词汇，个性就泯然于共性了。应该给阅读者留白，如果你的作品打动了他，他自会去提炼、领会。有些人物报道，虽然也把人物的精神境界点出来了，但总感觉有点"干"，可能就是因为作者太想"抽象"了。

第三节　强调新闻魅力

要想突出电视新闻的魅力，就要分析电视新闻的魅力究竟在哪里。从传播学角度来讲，电视新闻节目最大的魅力就在于画面。

一、画面语言是提升电视新闻魅力的关键

电视语言主要分为画面、同期声和解说词等三种基本的语言类型，其中画面语言因其特有的丰富、真实、信息量大、节奏感强等优点在电视新闻节目的制作过程中发挥着不可替代的作用。作为担负着电视语言表达功能的主要载体，富于感染力的动态画面是电视区别于其他媒体形式的重要特征。画面语言不但能够真实再现新闻事件的原始面貌，还具有丰富、直观的特点，比之文字语言更容易引起观众主观意识的共鸣。此外，一个基础的镜头就可以将时间、地点、人物、背景和事件交代清楚，其在表达能力和受众领域上都远远大于其他传播语言。因此，电视新闻节目要在传媒形式日益丰富的今天始终立于不败之地，就必须致力于对画面语言的研究，切实提升其传播信息和交流思想的能力与效率。而要提高画面语言的质量，就必须从采摄环节和编辑环节

双管齐下，以质朴、深刻且富于艺术表现力的画面提升电视新闻节目的魅力。

二、采摄过程中如何丰富电视新闻节目的画面语言

1. 追求画面的个性化特色

使用富有个性特色的画面语言是使新闻节目富于冲击力和感染力的重要途径，它要求摄像人员在再现新闻事件真实面貌的同时，能够表现出事件中的各种细节要素，更加传神地使信息和感受直达观众的视觉。要做到这一点，首先要求摄像人员从观众的感受出发调整拍摄视角，并通过对新闻情境的渲染将观众带入事件之中，使其产生强烈的共鸣。以自然灾害的报道为例，可以利用各种冲击性的画面引领观众感受到灾害的突发性和残酷性，再通过对灾后群众生活环境、悲恸表情等的特写等将受灾的实感透过镜头传递出来，引发观众的同情和关切，从而最大限度地使新闻发挥出其应有的社会影响和作用。

2. 提高和丰富新闻画面场景的表现力

摄像人员必须在拍摄过程中考虑画面的构成，而为了满足叙事表意与视觉的审美需求，并不是所有的物体都要被纳入画面范围，而应运用景别，表达出场景中各要素的变化和排列关系，如全景镜头能具体地展示出场

景中的主次关系；近镜头则有突出主体、强化视觉的效果。合理地运用景别变化与排列，既能使画面表现流畅，又能突出画面语言的表现内容和主题意义。

3. 对变化镜头的合理运用

拍摄中，摄像人员往往会利用镜头的变化来表现主题，具体做法包括运用推、拉、摇、移等技巧使画面产生出深度、广度等方面的变化，从而对主题起到突出或强化的作用。然而，镜头也常被泛用和滥用，使整个画面充斥着漫无目的的推拉和无意义的摇移，导致观众产生眩晕感，并对新闻事件出现理解上的偏差。有鉴于此，在画面中所运用的各种表现手段、手法都应该有明确的目的和意义。例如，为了反映"城市牛皮癣"给城市带来的危害和其触目惊心的程度，可连续用几个快推把主体所处的环境、位置清楚地交代给观众，同时满足观众的视觉要求；而在表现城市建筑、交通变化等内容时，则应拉开镜头体现出新闻事件背景的广度与规模。

三、编辑过程中如何提升画面语言的表现力

电视新闻编辑的目标是通过各种音画合成技巧增强节目的生动性及感染力，但鉴于新闻节目固有的真实性和纪实性原则，为确保客观、质朴的新闻效果，工作人员必须遵循一些基本的编辑规律：首先，两个视觉上有明显动态的镜头组接时，应避免镜头推拉过频，切换时

要保持运动方向和速度的一致；其次，两个视觉上没有明显动感的镜头在组接时，如果画面中部是静止的，剪辑时要寻找相似背景等相关因素。若镜头主体在运动，则要选择在运动主体的停止点或主体运动开始前进行切换；再次，动静镜头间的切换会使画面产生强烈的冲击性变化，因此应尽量减少这一手法在新闻节目中的使用，偶尔使用时，则应注意画面连贯性的保持。此外，由于新闻节目的时间限制，编辑中应关注如何以有限的镜头传递更丰富的画面信息，并通过调整单位时间内的"细节数量"来控制画面效果。

编辑画面时必须舍弃画面中的次要情节，因此必然会造成上下画面之间的跳动，但如果能按照事件发展的时间次序或人们观察事件的一般思维方法进行画面的编辑，这种跳动就会显得真实、自然。一般而言，人们观察事物是从整体到局部、由远及近，因此在剪辑画面时就要注意景别变化的循序渐进。例如第一个镜头用全景，第二个镜头就用中景，第三个用近景或特写，避免将同景别相接。考虑到新闻节目的特点和观众的视觉心理，还应确保画面具有舒缓、沉稳、一致的节奏感。当然，编辑中也可根据不同的报道内容对画面节奏进行适当调整，如党的代表大会等严肃内容，应以长镜头表现出会议的肃穆而庄重的气氛，而以儿童为主题的新闻内容则可以通过多角度的短镜头突出其蓬勃的朝气。

　　编辑同期声时，应删去不必要的记者提问或与主题无关的对话，以提高传播质量。编辑过程中，还应做到声画对位，即把蒙太奇的组接技巧运用到声音和画面的关系中来，使声音和画面完整、连贯，并在各自独立发展的基础上有机地结合起来，形成声音和画面的对列效果。

第四节 融媒体渠道的运用

在社会快速进步的当下，全媒体时代已然到来，广播电视等传统媒体在面临冲击的同时，也与新媒体逐渐实现深度融合，融合也成为媒体人在新时代背景下面临的重要话题。当下，新媒体技术已成为媒体发展的重要推动力，电视台在采用融媒体技术后，为传统媒体服务于社会和经济提供了重要支撑力量。因此，有关人员必须对融媒体技术进行创新应用探索，促进社会经济的良性与快速发展。

一、构建新型融媒体平台

在电视台新闻报道中，融媒体技术的应用包括融媒体汇聚及融媒体发布两个步骤。在融媒体汇聚中，整合新闻报道相关的音视频资料、图片资料与文本资料，实现新闻资源的共享，并引入 4G 直播内容，使新闻实时报道成为可能。在 5G 商业化发展趋势下，将以 4G 直播平台为基础，拓展融媒体技术的应用范畴，为受众提供更多视角、更低时延的新闻直播。

在融媒体发布中，开通官方微博账号、微信公众号、网站与手机 App，并利用融媒体技术开设互动演播室，主持人在进行新闻报道时，可利用融媒体汇聚功能，与受众进行实时互动，创新新闻报道形式，提高新闻报道时效性。

在融媒体平台中，融媒体技术的应用体现在指挥报道系统与5G直播系统中。

1. 指挥报道系统

在该子系统中，电视台将传统的新闻业务统一指挥中心作为核心，整合传统媒体与新媒体，实现新闻报道生产全过程的有效监管。指挥报道系统的主要功能模块为新闻选题策划、新闻资源调度及新闻报道展示大屏，前两项功能的应用与系统的内容库联系密切。内容库可与摄像机及手机端连接，可将新闻采访内容实时传输至融媒体平台，为新闻工作者选题策划及调度资源提供便利。

大屏展示是落实互动演播的关键，在电视台新闻报道中，可利用大屏展示云端新闻数据，呈现实时新闻热点与新媒体端的最新状况。例如，在某电视台的《今晚20分》新闻栏目中，主持人在应用大屏报道新闻时，可接入新闻网、微博平台及微信平台，展示实时新闻热点。该栏目以直播的形式播出，受众可在新媒体的留言板块，与主持人实时互动，强化新闻播出效果。

2. 5G手机直播系统

针对部分突发新闻事件的户外报道，在建设融媒体平台时，研发5G手机直播系统，新闻工作者可通过带有联网功能的智能手机进行实时新闻报道，将手机直播的内容切换至演播室大屏，实现电视台新闻报道的内外互动，为受众带来更新奇的新闻报道体验。在融媒体技术支持下，电视台将基于 Android 及 IOS 操作系统进行开发，选择 4G、5G 及 Wi-Fi 接入网络，实现手机直播与电视台融媒体平台的实时对接。

融媒体平台的构建可为电视台新闻报道提供硬件及技术支持，拓展电视台新闻报道形式，为电视台新闻选题策划提供更为丰富的资源。新闻工作者不仅要明确融媒体对电视台新闻报道方式的影响，还需注重新媒体普及对电视新闻受众的影响，提高电视台新闻报道的质量，吸引更多的受众。

在融媒体环境下，对电视台新闻工作者的素养要求有较大提升，改变了传统新闻工作者的采写与发稿模式，更为注重新闻报道的时效性。新闻工作者需掌握融媒体技术手段，在新闻报道现场迅速定位有新闻价值的内容，进行拍照、访问与视频录制，并应用随身携带的笔记本进行编辑，立即将新闻报道发布于融媒体平台，满足受众对新闻时效性的要求。可见，新闻工作者需要提升自身的新闻敏感度及融媒体应用能力。就融媒体应用能力培养而言，电视台需要根据融媒体技术应用类型，组织新闻工作者进行统一的培训，使其可准确操作最新摄像设备，熟练应用编辑软件，制作更优质的新闻内容。同时，要求新闻工作者熟练运用微博、微信及融媒体平台的各项功能，确保新闻内容在不同媒介的有效传播。

二、内容整合优化，立体化呈现

在融媒体时代，受众对新闻信息的要求不断提升，电视新闻不仅要体现内容的多样性，还应当呈现优质的内容，保证内容的服务性与互动性。当前，电视媒体传播存在单一性、局限性等弊端，因此要优选大众化传播方式，以免传播内容单一，影响受众的体验，对电视媒体发展造成阻碍。如果信息传播、公众服务不到位，就会影响电视媒体的发展。

1. 内容立体化整合

从融媒体技术的应用来说，新闻报道的内容实现了立体化整合。利用数据库，实现了海量素材的储备和集成，实现了内容支撑力足和内容覆盖面广泛的目标，增加了新闻报道的可看性。一是题材多样性。以"两会"报道为例，围绕经济、文化以及民生等进行了全面解读。二是素材丰富性。通过素材的不断积累，为专题类新闻报道提供了丰富的素材。三是内容来源广泛。应用新媒体技术，通过现场采访以及采集受众反馈的声音等，丰富了新闻报道内容。

2. 视角立体化

融媒体技术的应用，丰富了素材的内容，实现了报道宏观与微观视角的深度结合，以多样的切入点，编辑具有新颖性的新闻内容，增加了新闻报道的层次性以及立体感。例如，在"两会"报道中，利用新闻客户端，对相应议题进行动态跟踪以及宏观解读，保证专题报道的思想性以及高度。同时开展了具有微观视角的栏目，比如"两会微视角"，使得报道更加贴近群众。宏观和微观的深度融合，增强了新闻的宣传以及舆论功能。

3. 渠道立体化

融媒体技术应用后，通过对各个渠道以及媒介的融合升级，运用超链接和 H5 及短视频等多种形式，同时开通了微博和微信以及客户端等多种渠道，进行复合式报道，增强了新闻的传播力以及影响力。同时，利用客户端、网页，并通过传统媒体及新媒体的积极转发，获得更高的点击量。依托多媒体平台，增加新闻传播的深度和广度，使得新闻传播样态更加丰富。

4. 形式立体化

基于媒介新兴技术手段，实现新闻的情景式以及立体化报告。例如，设置"VR 看两会"栏目，对报道现场的实景画面以及细节进行还原，增强新闻报道的现场感，使受众获得更好的体验。除此之外，推出移动直播产品，吸引用户参与讨论，激发受众的参与兴趣。

三、通过"短视频＋"扩大电视新闻的影响力

在新媒体环境下，被广大受众强烈追捧的短视频发展迅猛，成为多种主流媒体进行融合转型的新渠道之一，其具有的传播速度快、受众范围广的特点能够为媒体单位带

来更多的流量，让不同年龄段、不同领域的人群更全面地了解新闻信息。同时，短视频平台中丰富的功能还能帮助媒体单位有效提升自身的综合效益。

通过"短视频＋"扩大电视新闻的影响力。为了有效增强自身新闻传播的影响力，电视台需要正确利用融媒体新型技术，并通过相关活动的开展，建立与受众之间的互动联系。此外，还可以通过广告活动和新媒体融合的有效探索，在提升社会影响力、社会宣传度的同时，为电视台增添一项可观的收入。在开展活动的过程中，除了需要在前期造势宣传以外，在活动的中后期以及结束之后，也同样需要集中地进行宣传工作的"二次发酵"，进一步保证媒体平台的宣传质量。

第七章

融媒体时代电视新闻节目案例分析及转型发展

第一节　中国中央电视广播总台电视融媒体电视新闻节目转型分析

2018 年 3 月，在《深化党和国家机构改革方案》要求下，中央电视台、中国国际电视台、中央人民广播电台、中国国际广播电台合并，组建了中央广播电视总台。总台的成立，是对四台力量的一次全新整合，通过传播渠道和产品形式的融合，实现 1 + 1 + 1 + 1 ＞ 4 的传播效果。具体来看，一是专业人员和技术平台的资源共享，使内容优势得以强化；二是新媒体渠道的叠加，扩大其传播声量；三是四台融媒体矩阵的搭建，能实现全场景覆盖，做到"广播可以看、电视可以听"。

从组织架构方面看，总台针对融媒体转型发展设置了多个专属机构，如融合发展中心、新闻新媒体中心、视听新媒体中心等，这说明总台的融媒体转型并不是简单的内容上的或是形式上的，而是从思想上进行融媒体转型。工作的核心是人，从组织架构上对人进行融媒体思想转型，这是在国际上是领先的。

在传播渠道上，不仅对之前各自为战的电视栏目融媒体官方账号进行了整合，解决了之前"散"的问题，集中力量重拳出击。不仅仅依靠融媒体平台，而且在技术层面，在总台"4K＋5G＋AI"的战略布局下，CCTV-4K 开播、5G 新媒体平台建设、超高清与人工智能媒体应用实验室成立等成果不断。除此之外，总台也以开放之态积极寻求合作，携手BAT、华为、新浪、京东等互联网巨头公司，达成在大数据、云计算、AI 技术、5G、全媒体联合运营等多方面的合作意向，助力融媒体建设。同时，也在积极建设以"央视频"App 为代表的融媒体平台，实现平台自主化、服务全面化。

总台的内容优势也是其融媒体转型的关键因素。广电媒体长期以来积累了大量的内容资源，形成了自己独特的优势。中央广播电视总台作为广电媒体转型的代表，从根本上来说，还是要抓住内容这一核心：这不仅是提升主流媒体影响力、传播力的要求，更是广电媒体在媒介融合大环境下提升自身核心竞争力的有力武器。因此，在目前众多融合举措中，总台以内容融合先行，成果颇丰。对内，一方面是将垂直版块的内容进行整合，提升其融合内容的价值；另一方面则是利用新旧媒体相互融合，打造多样化的融媒体产品。对外，则积极开展各类合作，为融合的深度发展注入新力量。

在长期的发展中，总台积累的内容资源丰富，培育了自己独有的王牌节目和优秀人才。在原有的基础上，合并后的总台就具有了体量庞大的内容库。面对众多的内容，如何整合利用好原有资源并转化为自己独有的内容优势是总台面临的主要问题。因此，在组织架构调整和技术能力的支持下，总台尝试从垂直版块出发，梳理总台内容资源，整合不同领域的内容优势，创新节目形式，丰富节目内容。由于各个垂直版块的特色不同，其内容优势各有侧重，融合程度也各有不同。

在组织机构的调整上，总台成立新闻中心，下辖新闻频道、中国之声、环球资讯。央视以现场新闻和字幕新闻为特色的电视频道，央广以权威性强和覆盖面广为特色的中国之声节目，国广以国际化传播为特色的环球资讯广播，三者融合形成了总台新闻版块的独特优势。

2018 年 3 月 29 日，央广《新闻与报纸摘要》播音员郑岚在《新闻联播》中，以庄重大气的语音语调完成了对《第五批 20 位在韩志愿军烈士遗骸在沈阳安葬》的播报。之后，其他几位资深的广播员陆续献声《新闻联播》。2018 年博鳌亚洲论坛期间，央视时政微视频《习近平的海南情缘》在制作中，融合了央广节目原有的音频资料和央广播音员配音资料。

在声音融合上跨出了融合的第一步后，新闻栏目也走上了内容融合的前列，不断尝试内容融合的多种形式，发挥四台内容优势。2019 年 6 月，总台新闻中心策划推出首个联合特别报道《美丽中国我的家》，在整个报道过程中，电视发挥了其影像优势，向广大观众展示了祖国的大好河山；国广则利用其多语种的内容优势推出了面向国际的传播内容；央广的《中国之声》栏目利用优秀的记者人才，深入采访进行了一系列人物访谈报道。此次报道是继声音融合后的进一步深化，统一进行专题策划报道，利用了各自的内容优势，实现了根据不同媒体的传播特性进行内容产品的多样化生产。融合的核心在于集成各种优质资源，实现效益最大化。

在体育新闻版块上，总台的优势地位可谓是不可撼动，旗下拥有覆盖面最广的观众基础和具有独占性的赛事资源。其内容优势主要体现在两方面：一方面是"只此一家"的版权优势，在政策的支持下，聚集了大量顶尖体育赛事的版权，涵盖了竞技体育和大众赛事的各个方面；另一方面是领先的内容制作技术，体育赛事的直播或转播要求及时性、现场性，而技术往往在这其中起到决定性的作用。

伴随着"5G＋4K"时代的到来，体育赛事直播也迎来了新的上升台阶。在此前公布的全台4K超高清频道技术系统的建设规划中，总台将于2020年6月前完成体育频道4K超高清制播系统的建设，具备每天30小时的4K节目制作能力。2019年1月30日，中央广播电视总台台长慎海雄在北京会见国际奥委会主席巴赫，决定在2019年底开设单独的奥运频道CCTV-16，这也代表着体育市场再添一个国家级电视平台，具有更强的内容传播能力。

在庞大的版权内容储备和精良的节目制作体系的基础上，体育频道还积极与社交平台达成合作。2018年世界杯期间，体育频道正式与微博就俄罗斯世界杯达成官方合作，通过CCTV-5体育新闻等微博账号矩阵发布海量内容，及时地传递体育快讯。另外，还融合互联网内容，推出"球迷站队""趣味竞猜""微博故事专属活动"等一系列线上活动，这些带有互动性质的内容吸引了大量的用户参与、探讨。

为了触达更多用户，总台不断向新媒体端延伸，通过创建平台账号铺开全媒体矩阵，同时不遗余力地自建新媒体客户端，在渠道布局上走在了前列。目前，总台已经跨过了将传统节目"搬"至新媒体播出的初级融合阶段，在充分发挥传统媒体内容优势的基础上，融合 VR、AR、大数据、AI 等新技术，适应新媒体特点，开创出包括数据新闻、短视频、H5 在内的丰富样态，打造了一批多元且有影响力的融媒体产品。

在媒体融合的赋能下，总台不仅以图、文、声、像结合的形式多维呈现内容，更顺应了跨屏流行的趋势，深度融合电视媒体与移动媒体的不同传播优势，对传统节目的生产流程、内容主题、表现形式以及表达语言等多方面进行创新升级，打造原创新型融媒体产品，使之更适应新媒体语境下的用户偏好，实现覆盖多场景的立体化呈现。一是从大屏到小屏，如前文所论及的《新闻联播》节目等。二是小屏到大屏，依托专业化新媒体细分栏目，反哺电视内容。总台成立后，依托新媒体推出了"央视快评"和"国际锐评"两大评论栏目。以"国际锐评"为例，该栏目由一支专家队伍支持运营，以高度的专业性与权威性著称，又因脱胎于新媒体公众号，更新及时、篇幅短小、态度鲜明、文风活泼，契合了电视新闻报道的内容特征，在生产力和内容双方面都可反哺大屏。2019 年 5 月，关于中美贸易战的"国际锐评"刊播于《新闻联播》，节目播出后，在新媒体端引起了强烈的反响，在强化内容传播效应的同时也扩大了"国际锐评"这一品牌的声量。三是大屏与小屏深度融合，在整个内容生产链条中实现各平台的联动与互补。例如《中国舆论场》，该节目从策划与选题开始，就以新媒体平台大数据为内核，通过抓取网络关键词，梳理出十大舆情热点作为节目的聚焦点，贴近用户所想。在节目制作环节，主要运用了 VR 上屏、裸眼 3D、虚拟追逐等新媒体技术，实现了电视节目内容的科技化呈现。节目直播时，用户还可以通过手机微信"摇一摇"的方式抢票入座"虚拟观众席"，实现融媒体的即时传播与互动。

中央广播电视总台是我国电视新闻传播当之无愧的"龙头"，其综合实力及体量是我国其他电视台及电视新闻机构所无法比拟的，在时代的要求下，其融媒体转型也是目前国内电视台中最为成功的，尤其是电视新闻节目，其更拥有无可比拟的权威性、话语权及技术实力。其转型后形成的客户端"央视频"，自上线运营起，截至 2023 年 1 月，累计下载量 4.92 亿次，累计激活用户数 1.86 亿人，月最高活跃用户数 7200 万人，日最高活跃用户数近 1500 万人。下面以"央视频"为例，简单剖析中央电视广播总台电视新闻节目的融媒体转型之路。

一、"央视频"的诞生

为全面贯彻落实习近平总书记"守正创新，把新媒体新平台建设好运用好"的重要指示精神，加速加强广电媒体融合新品牌建设，进一步推动广电媒体融合向纵深发展，2019年11月20日，中央广播电视总台重磅推出我国首个国家级5G新媒体平台——"央视频"，充分发挥"5G + 4K/8K + AI"等新技术优势，向全社会提供丰富多样的优质新媒体内容和场景化服务，探索建立央视频内容生态体系，标志着中央广播电视总台媒体融合迈出了关键性步伐。

依托优质内容生产力、先进融媒技术等优势，"央视频"致力于打造"有品质的视频社交媒体"平台，为用户带来全新视听体验。在技术架构上，"央视频"采用"大中台 + 小前台"设计，通过云服务打通传统媒体生产环节和物理空间，彻底从技术上、流程上实现从内容数据到用户数据的共享分享、互联互通，总台也借此成为国内第一家建设5G智能化媒体中台的主流媒体。在定位上，"央视频"定位为"有品质的视频社交媒体"，打破传统单一的内容发布模式，将总台既有的视频优势与用户喜爱的社交方式相结合。在形态上，"央视频"以短视频为主，兼顾中长视频和移动直播，具有独特的"以短带长""直播点播关联"等功能，并可轻松实现4K投屏观看。在内容上，"央视频"聚焦泛文体、泛资讯、泛知识三大品类，以"央视频号"账号体系为内容聚合逻辑，撬动总台优质资源和各类社会头部创作力量，以开放、共建、共享的姿态实现台内外优质资源整合，集中力量提升"央视频"的品牌价值。

"央视频"客户端上线运行至今，累计下载量 4.92 亿次，累计激活用户数 1.86 亿人，月最高活跃用户数 7200 万人，日最高活跃用户数近 1500 万人。2022 年 1 月，移动互联网大数据公司 Quest Mobile 发布 2021 年度研究报告，"央视频"被评为年度"用户规模增长之星"，是央媒中唯一进入该报告年度榜单的 App。

二、"央视频"的社会责任

随着媒体融合发展进入深水区，"央视频"在做好新闻宣传工作的基础上，加快建设综合性服务型媒体，发挥新型主流媒体的新作用，不断提升品牌社会效益。"央视频"积极推进深度融合背景下主流媒体的报道创新，塑造主流舆论新格局。

主动增强与政府、市场、人民群众等主体的协调沟通、互动联系，积极发挥新型传播平台服务社会的效能。在新冠疫情期间，为科学稳妥推动企业复工复产，以社会合力共促就业，"央视频"发起大型线上融媒体招聘活动——"国聘行动"。如今，已经推出四季的"国聘行动"不断提质升级，截至目前，"国聘行动"累计参与直播宣讲企业超过 500 家，共入驻企业超过 4 万家，提供职位总数超过 359 万个，收到简历超过 1700 万份，就业信息累计总触达规模为 127 亿次。2022 年，"春华秋实 国聘行动"荣获第三十二届中国新闻奖二等奖，并入选"中国新媒体公益 2022 十大优秀案例"。

三、"央视频"的内容生产体系与品牌传播方式

"央视频"持续放大平台内容原创优势，以创新资源配置、优化制播模式为抓手，打造多个亿级和千万级流量的大型融媒体 IP 项目。2020 年，推出《一起上书房》《文物"潮"我看》等丰富多样的系列融媒体直播；2021 年，精心策划、重磅推出总台首档年轻态新媒体真人秀《央 young 之夏》，打造极具网感的总台"夏晚"IP 概念，并持续深耕系列原创 IP；2022 年，推出以演唱青春校园歌曲为主的网络直播节目《这 young 的夏天——2022 夏日歌会》，以及《冬日暖央 Young》《乘着大巴看中国》《国之大雅·二十四节气》等融媒体项目，打造"霸屏"IP。

"央视频"还充分依托总台独家版权资源，参与奥运会、世界杯等顶级赛事全程转播，"来央视频看体育赛事"的品牌认知深入人心。2021 年东京奥运会期间，"央视频"总播放量突破 25.8 亿，App 累计下载量超过 3 亿次。这期间，总直播超 7000 场比赛，其中 3000 余场可免费实时观看，超 4000 场为会员用户专属赛事直播，开赛一周会员数量即跨越百万大关。依靠"5G + 4K/8K + AI"技术手段，"央视频"的前端呈现能力得到了持续的优化，在积累了用户的同时，

也将苏炳添、全红婵、杨倩等奥运健儿的精彩表现全方位呈现出来。超高清、低延时的播出效果，是"央视频"的"硬实力"，在此基础上为用户提供的"云上互动"，则是平台对技术的"软转化"。奥运会期间，"央视频"面向全体用户推出"金牌速报"等"观奥小助手"，并开启直播评论功能；又在"央友圈"特别上线"中国队加油专区"，助力"奥运迷"之间实时交流，形成共振。通过"看＋玩"双线并驱的形式，拉近赛事与用户距离，实现全民坐在家中就能 High 起来的"奥运热"。面向平台会员用户，"央视频"基于赛事特别制作了《乐享夺金时刻》和《会员请回答》系列互动项目。节目通过运用多项自主知识产权，如互动平台、EPG 数据系统、会员服务系统、题库系统、直播答题系统等，设计了简单的玩法直切奥运主题，让用户福利拿到手软，看赛事玩儿个不停，进一步增强了"边看边玩"的用户体验。在丰富平台赛事内容矩阵的同时，既满足了用户深度体验奥运的需求，又通过技术创新推动平台商业化，帮助平台打造完备的会员体系，提升其商业服务能力，最终作用于更优质的内容产出，达成用户与平台间的良性循环。

2022 年北京冬奥会期间，"央视频"创新性地运用 VR、人工智能等前沿科技，为超过 2000 万用户生成个性化"数字雪花"形象，电子赛事日历、金牌榜系列产品以及《冰雪之约》等多档原创节目备受用户喜爱，视频总播放量超过 8 亿；2022 年卡塔尔世界杯期间，"央视频"策划推出《不一 young

的卡塔尔》《央 young 球迷之夜》等原创节目，开发"竖屏看世界杯""云观赛聊天室""AR 看世界杯"等新技术、新玩法，累计直/点播观看量超过 10 亿人次。

"央视频"不断优化升级垂类 TAB 页和"央友圈"功能，强化内容的立体分层运营能力。2021 年，"央视频"上线了系列垂类 TAB 页，与总台各内容中心联手共建"央视频"内容生态，进一步有效调动总台专业生产能力，充分聚合总台精品优质内容。同时，全新上线总台首个社区产品——"央友圈"，以"TAB + 社群"为突破口，进一步强化平台社交属性，通过兴趣圈子聚合各垂类创作者和用户。

四、品牌价值催生经济效益

"央视频"是总台实现融媒体转型、走向新媒体市场的旗舰平台，通过拓展"会员 + IP + 广告"的多元化经营路径，平台创收能力大大提升。"央视频"以"重大赛事 + 重点优质垂类 + 综合权益"为核心，完善"央视频"会员生态建设。以奥运会、欧洲杯、世界杯等国际顶级赛事为契机，以社群建设为基础，放大用户关系链传导效应，积极为平台引流，有效提升会员转化率。探索"内容 + 活动 + 营销"的会员增长模式，形成具有竞争力的会员权益矩阵，不断提升用户群体的品牌忠诚度与活跃度。

五、技术能力带动用户体验提升

"央视频"自 2019 年上线以来，以"5G + 4K/8K + AI"

战略为引领，不断引入先进技术，创新打造产品体系，持续深化融合发展，提升平台综合能力建设，放大品牌价值。

"央视频"创新新媒体先进技术研发与应用，推进先进影像技术团队建设。"央视频"技术团队以财经主播王冠为原型，打造总台首个拥有超自然语音和表情的超仿真虚拟主播"AI 王冠"，推出的《冠察两会》入选中国记协 2022 年全国两会报道融媒产品案例；"央视频 AI 手语翻译官"先后应用于 2022 北京冬奥会、冬残奥会及 NBA 总决赛等大型赛事直播中，可理解度达 90% 以上，达到业界领先水平；引入 AI 剪辑工具，智能剪辑赛事精彩集锦，自动生成竖屏视频，大幅提高内容生产效率；融合沉浸式实时 3D 场景渲染、8K/VR 赛事直播等先进技术，推出"VR 看冬奥"产品、"VR 春晚"系列节目，为用户带来全景沉浸式观看体验；利用多元数据采集和高精度三维建模技术对艺术品进行数字存档与先进影像技术加工，打造《国画·数字秘境》系列节目，获好评连连。新技术的引入，让"央视频"收获了流量和口碑，也使其技术能力获得了行业的认可。中央广播电视总台央视频融媒体发展有限公司 2021 年正式成为国家高新技术企业。"国家高新技术企业"是根据科技部、财政部、国家税务总局联合发布的《高新技术企业认定管理办法》及《国家重点支持的高新技术领域》的认定标准，由北京市科学技术委员会、北京市财政局、国家税务总局北京市税务局共同认定的高新技术资质，是对企业的知识产权、研发投入、研发团队建设、高新产品收入、组织管理能力、成长能力等综合能力的一次全方位、多权重考评。获此评价，意味着"央视频"的自主知识产权、研发能力、组织管理水平、科技成果转化能力、成长性指标等得到了认可。

第二十届"汉语桥"世界大学生中文比赛，"央视频"通过"5G 云录制"创新节目形式，打造了一场具有新媒体风格、互动性更强的"别样交流赛"。2021 年的赛事全部转移至云端，时空的阻隔无形中为赛事组织和传播增加了难度，因此，节目录制与呈现过程中使用了多种创新技术。零失误、高标准、高效能，"云录制"呈现了"央视频"制播能力新高度。为了克服选手时差、信号线路庞杂等各种问题，平台将多项自研技术系统应用于转播过程中，如在线包装系统、答题系统、选手连线系统等，搭建起了"5G 云赛场"。"云上"竞逐，弘扬"红文化"，"央视频"有了多样化玩转新媒体可能性。在赛制设置上，"汉语桥"因地制宜地选择以视频题、音频题、现场演绎等视听形式与云端比赛相融合。选手通过 Vlog、演讲、辩论等方式远程进行比赛，既为比赛增添了新的乐趣，又以"云上汉语桥"的形式将"红文化"弘扬海外，以技术呈现新媒体的多种可能。针对云录制客观造成的现场观众缺失的情况，"央视频"用"5G 云赛场""线上虚拟观众"等创新形式，让更多选手、网友参与到实时录制中来。对于不能来到现场的观众，平台依托央视的大屏转播资源，提供了超流畅、超高清、高互动的线上观看体验。

在近两年较为特殊的环境下，线上技术的创新使用让"汉语桥"这个已走过20年历程的IP焕发出新活力。

对用户而言，新技术也能为他们提供更具沉浸感的使用、观看体验。正如在三星堆考古节目中，12K高清视频带观众穿越历史的长河，不足10厘米的拍摄距离，将文物的细节清晰、动态地还原了出来。高科技手段不仅帮助文物找到了"表达"历史的方式，而且给了观众更好的视觉享受。

确立"核心算法＋内容优化＋用户发展"的核心思路，有效推动平台优质内容个性化、精准推荐和智能化分发。目前，"央视频"客户端已实现了竖屏直播、直播购物等功能，强化内容发布、三级运营管理与社交互动能力建设，全面提升了客户端的广告释放能力。

"推动媒体融合向纵深发展"是全媒体时代背景下主流媒体发展面临的一项紧迫课题，背靠总台优质内容、制作能力的"央视频"，也曾面临着如何巧妙利用和转化资源为优势的问题。不难发现，"央视频"已经找到了自己的前进道路，正在着力打造以技术驱动内容的体系。对技术的投入能够帮助"央视频"将内容优势进一步放大。为了应对不断变化的互联网内容消费场景，走通传统媒体向融媒体转型跨越的路径，"央视频"在云智能、大数据、"5G＋4K/8K＋AI"等技术领域持续进行深耕。

自成立以来，央视频公司开发并申报了"央视频移动端H5内容配置后台系统""央视频用户中心系统"等30余项软件著作权，并参与制定 10 余项行业标准，以加强创新研究为基础，推动着平台在行业中不断前行。对于传统媒体的融媒体转型来说，迎合用户的多种需求、使用习惯是立足之本，但技术上的不足很容易成为平台进化的障碍。手握自有知识产权技术、结合内容特点及用户需求有针对性地提升用户体验的"央视频"，已经用不少实例为融媒体转型该如何去做提供了借鉴。

　　央视频作为融媒体转型的典型范例，从其技术先行的发展思路中，也可以进一步窥见技术对整个融媒体行业的驱动力。

第二节　江苏省广播电视台新闻节目融媒体转型分析

为了适应融媒体发展的大潮，江苏广播电视台将媒体深度融合发展列入工作重点，全力推动广播电视行业的媒体深度融合。在体制机制改革上，推动管理机构改变。江苏省广播电视局（简称江苏局）首先"动刀"，改革处室结构，成立媒体融合发展处，把推进体制机制改革和广播电视与新媒体新技术新业态融合发展作为主要职能，采取多项创新举措推进广播电视媒体融合工作。各级广电媒体坚持互联网思维和移动优先策略，持续优化广播电视发展顶层设计及媒介资源配置，一方面推动频率频道与广播电视媒体网站、移动客户端等新兴媒介资源的整合。另一方面，实现生产要素（技术、平台、人才等）的融合，推动产品、渠道、传播以及服务的不断优化升级。从"十三五"时期开始，江苏省广电总台将广播、电视、新媒体、电视剧等各类业务进行重构，全部纳入"荔枝云"平台统一生产、统一运营，实现媒体业务的集约化、规模化发展。南京广播电视集团按照台网融合、移动优先的要求，打破传统广播电视的媒介区隔，组建了融媒新闻中心、融媒产品中心、融媒营销中心、融媒技术中心和产业发展中心等"五大中心"，将广播、电视和新媒体完全融为一体，形成了融合发展的组织体系、功能板块明晰的发展布局，获评"2020年度全国广播电视媒体融合先导单位"。同时，各级广电媒体积极发挥市场在资源配置中的作用，参与控股或参股互联网企业、科技企业，通过资本驱动融合发展，并借助社会力量加强融合创新项目的技术研发和市场开拓。

在协调机制建设方面，坚持统筹推进、协调融合发展中的资源调度、流程再造和工作衔接等。2017年开始，江苏省广电总台全面依托"荔枝云"平台，建立了融媒体调度指挥中心，现已成为江苏广电新闻报道工作的指挥中枢和"大脑"。扬州广播电视台在进行媒体融合探索和实践的几年里，一直同步进行体制机制改革，通过将电视新闻部、广播新闻部、新媒体内容部合并，成立全媒体新闻中心，实现了信息内容、技术应用、平台终端、管理手段的共融互通，为推动媒体融合的进一步深化创造了良好条件。扬州台的媒体融合实践被国家广电总局赞为"扬州模式"，全国有60多家媒体先后来学习取经。

在运行机制方面，江苏各级媒体准确把握动态变化的新闻传播规律和互联网发展规律，立足于媒体融合发展需求，以广播电视新闻制播为基础，打造新闻信息的"中央厨房"，推动媒体融合由"物理反应"到"化学反应"，重构新闻生产方式，做到一次性采集、多媒体呈现、多渠道发布。2016 年，江苏省广电总台进一步推动体制机制改革，将电视新闻部、广播新闻部、网络传播部全部整合在一起，成立融媒体新闻中心，实现采集、制作、传播、运营一体化，推动全台新闻报道从"几张皮"转变为"一盘棋"。常州广播电视台成立了全新的融媒采制中心和融媒编辑中心，形成全新的内容生产与传播系统，分别按照媒体融合的前后流程，设置"内容池"和"中央厨房"，彻底改变了过去按照媒体平台属性划分部门、以电视为龙头构建采编流程的传统组织架构形式，真正实现向移动端发力。县级媒体通过构建"中央厨房"和移动传播矩阵，整合县域广电、报业、政府网站等各类媒体资源，将新闻宣传与党务政务、公共服务等有机结合，相互赋能，以"最江阴""南通州""邳州银杏甲天下"为代表的江苏县级融媒体的传播力和影响力持续提升。

在人事管理机制方面，各级媒体积极深化人力资源、薪酬体系、绩效考核等综合性改革。一是消除编内人员和编外人员的身份差别，让所有员工都在同一起跑线上竞争。二是在薪酬分配上做到"同岗同责、同工同酬、优劳优酬"，打破"大锅饭"式的平均主义，真正实现奖优罚劣。三是实行人才选拔双轨晋升机制，进一步激发员工干事创业的积极性、主动性和创造性。四是持续完善管理制度，实现长效、灵活、开放、柔性的管理，推动线上线下、不同业态的统一导向要求和内容标准。

在技术方面，江苏省广电总台"荔枝云"平台应用云计算、大数据等先进技术，采取"公有云＋私有云"的混合云模式，提供大规模、跨地域的内容组织与运营，具备内容一体化生产和多屏分发、用户统一认证鉴权管理、互联网信息的实时接入和统一管控等功能，可以为县级融媒体中心提供定制化、多元化的支撑服务。江苏省有线网络围绕"宽带广电"战略和"广电＋"行动的多项技术创新应用，大力推进智能终端操作系统 TVOS 的批量应用，基于 TVOS 研发了新一代云媒体电视，首批在苏州、无锡和南京三地试点推广 50 万台，逐步向江苏全省推广。开展有线无线双网业务试点。实现了江苏省有线电视"户户通"，覆盖 2690 万户，双向网覆盖率超过 85%。

在内容制作方面，江苏省广电总台多方开发制作方式，创新节目模式和内容，积聚种类多元的优质节目内容版权资源，做大做强节目库。江苏各级广电媒体顺应短视频主流化趋势，借助短视频的发展风口，将主流价值融入短视频平台。江苏省广电总台推动主持人、编辑、记者全面进军短视频平台，将主流价值带入短视频平台，打造娱乐、健身、旅游、汽车、情感、文化等热门垂直领域短视频账号。截至 2020 年 10 月，江苏广播在抖音平台上粉丝过万的账号有 36 个，其中，粉丝超过 20 万的账号有 11 个，百万粉丝大号有 3 个，短视频矩阵的影响力日益扩大。2020 年 10 月，全国首个城市官方直播平台"Live 南京"正式上线，平台利用活动直播、慢直播、流矩阵、网络流、短视频、弹幕等形式,将移动端、电视端和户外媒体从信源、制作到推送真正融于一体,实现了手机小屏、电视中屏与户外大屏多维融合,开创了传统电视与新媒体融合、慢直播与实时互动结合的先河。南京广播电视集团旗下的"牛咔视频"通过多平台联动,构建起以短视频和网络直播为重点的立体式传播格局,每年直播近千场,成为集精品内容生产、优质品牌传播、高效服务落地于一体的视频应用平台。

下面以江苏省广播电视总台"荔枝新闻"客户端为例,简单分析其融媒体电视新闻转型案例。

"荔枝新闻"客户端是江苏省广电总台打造的免费新闻资讯类应用,是集广播、电视、网站、报纸、UGC 等多样态内容为一体的融媒体聚合平台,2013 年 8 月上线,是国内首个省级广电媒体新闻客户端。作为江苏传播格局中的新媒体领军阵营和全国省级广电新闻客户端中的佼佼者,"荔枝新闻"自 2019 年开启"全国化战略",突破行业和地域界限,在全国范围内的影响力不断扩大,成为江苏媒体向全国"出圈"的探路先锋。"荔枝新闻"客户端先后获得第二十八届中国新闻奖一等奖、指尖融媒榜最具影响力广电融媒平台、国家广电总局广播电视移动传播研究突出贡献 App 等多个奖项。自 2019 年 7 月至今,在索福瑞统计的全国省级台融合传播指数中,"荔枝新闻"与"荔枝视频"微博账号多次位居全国省级台账号前三。

一、架构创新

"荔枝新闻"客户端自 2013 年上线至今，总计开设 28 个频道。2019 年为推动"全国化战略"，以"荔枝特报"和"垂直领域拓展"双轮驱动为突破口，对内容采编架构进行重新整合，成立直击全球新闻热点的特报调查组"荔枝特报"，形成时政等若干重点垂直领域融创工作室，实现原创采编人员"全员视频化"转型，共同探索内容生产、外部合作与商业拓展。其中，"荔枝特报"作为总台战略性布局、全台融合发展探路的龙头和抓手，在长征五号遥三运载火箭成功发射、中美女主播约辩，在杭州女童被租客带走、北大补录三次退档考生、德邦寄丢毕业证仅赔 3 倍运费等全民关注的热点新闻事件中率先发声，凸显了主流媒体的责任与担当、态度与温度。特报部自 2019 年 5 月成立至年底发布稿件逾 500 篇，累计点击破百万稿件 210 篇，其中破千万稿件 62 篇，有力提升了总台在媒体融合趋势下的传播力、竞争力和主流影响力，彰显了总台的融媒实践深度，引起了全国同行的关注。

以"荔枝特报"为核心，"荔枝新闻"深刻把握 5G 时代移动视频优先传播规律，调动融合广电系新媒体的视听资源优势，实现"全员视频化"转型。自 2019 年 7 月至今，在索福瑞统计的全国省级台融合传播指数中，"荔枝新闻"微博账号与短视频平台"荔枝视频"微博账号多次位居全国省级台账号前三，"荔枝系"在微博、短视频领域成为领军品牌。融创工作室深耕各重点垂直领域，多篇内容以专业性获得权威认可，成为国防部、商务部、教育部、国家版权局等多个部委机构官方受邀媒体，与多个公共服务机构开展合作，在多个重大节点牵头策划执行的新媒体产品取得了良好的传播效果。2019 年全国"两会"期间，"荔枝学习小组"系列点击量 640 多万，被中央网信办《网络传播杂志》作为典型案例通报表扬；渡江战役胜利 70 周年，拳头产品《起风了，这里藏着南京城解放的秘密》获腾讯新闻 App 焦点大图推荐。五四青年节，独家策划短视频《嘿，那个青年你好啊!》获《人民日报》、"共青团中央""学习强国"等众多央媒转载。新中国成立 70 周年特别策划"70年，留在历史记忆中的声音"全网点击量超 3.9 亿，获"学习强国"平台、"人民视频"等主流媒体多次置顶推荐。2019 年"荔枝新闻"共有 720 条稿件被全国/全省重点新闻网站全网转发，429 条稿件被"学习强国"刊登，全国影响力不断攀升。

二、机制创新

"荔枝新闻"客户端依托江苏广电母体，其发展历程是江苏广电媒体融合进程缩影。2019 年，江苏广电实行机构改革，"荔枝新闻"借助深化新闻融合生产体制机制改革的契机，加快融合创新，"荔枝特报"成为总台广播、电视等各版块记者合力打造的品牌。在世界互联网大会、香港理工大学暴力冲突等多个全国性重大活动或突发事件中，总台记者以"荔枝特报记者"的身份组队打出"组合拳"，实现了全部采编人员以"'荔枝新闻'记者"出镜和报道的统一呼号。

2019 年，江苏深入推进县级融媒体建设工作，江苏广电"荔枝云平台"被省委宣传部明确为江苏省内县级融媒体中心建设唯一技术支撑平台。搭载"荔枝云平台"，江苏广电在多项新闻行动中积极开展省市县三级媒体联动，"荔枝新闻"借此契机，与江苏广电十三设区市中心站、各县级融媒体中心深度联动，在江苏旅行团老挝遭遇严重车祸等多个国际性、全国性重大突发性事件中拿到独家线索，并对外与多个头部互联网平台联动，探索跨行业融合创新，其中与"快手"App 合作推广的《花式宅生活》短视频征集互动总点击量达 12.7 亿。

2019 年，善用"长三角区域一体化"政策红利与全国媒体融合进程加快趋势，"荔枝新闻"积极开展跨省域新闻联动与活动，在江苏省委宣传部、网信办、广播电视局指导下，联动"看看新闻""中国蓝 TV"等长三角广电系新媒体、今日头条、抖音等互联网头部平台举办长三角原创短视频大赛，在台风"利奇马"来袭等突发事件中与央视、新华社等多家央媒、湖北广电"长江云"、山东闪电新闻等多家省级主流媒体，黄石广电等省外市级媒体深度融合，协同生产，联动传播，扩大区域及全国影响力，为江苏乃至全国广电媒体融合发展新阶段探路。

三、技术创新

"荔枝新闻"客户端上线至今，共经历 130 余次产品版本迭代更新，2019 年共完成 11 次更新。其中，7.0 版本于 2019 年 12 月 24 日正式上线各应用市场，以智能化为探索核心，全面革新新闻生产与分发场景。平台上，"荔枝新闻"与腾讯、百度两家头部互联网公司开展技术合作，优化新媒体采编流程，上线"荔枝新闻"智能写稿系统，基于机器学习算法和自然语言生成技术，实现文本智能纠错与文章摘要自动拟取，从内容生产与内容分发环节提升了编辑效率。7.0 版本中，"荔枝新闻"重点探索对智能写稿系统技术能力的场景化应用，特别推出面向用户、拟人化形象的智能写稿机器人 Litchibot，使用事件脉络梳理、结构化写作、分众化推荐等技术能力，生产、分发用户关心的新闻内容，其中基于中国天气网和国家预警信息发布中心的数据信息，自动生成覆盖全国 354 个城市天气预报与极端预警的结构化稿件，实现了在不耗费人力基础上，覆盖全国用户的个性化内容分发与精准服务投放，成为全省首个、全国首批用人工智能辅助新闻生产与分发的省级新媒体平台。

四、创新问题解决路径

自 2019 年开启"全国化战略"以来,"荔枝新闻"在全国的影响力不断提升,但对标全国一流的央媒新媒体平台,仍有差距。为持续深化全国影响力、在全省媒体中形成持续示范带动效应,实现客户端下载用户增加、客户端及自媒体矩阵省外用户占比增加、活跃用户增加"三增"的目标任务,"荔枝新闻"从内容、机制、技术等方面增强融合创新,在媒体行业、垂直行业、新商业等多个关联业界和移动互联网用户中增强品牌影响力。内容生产上,深化"特报+垂直"双轮驱动,从全方位开辟爆料通道扩大线索源、招募国际特约记者扩大稿源、与头部平台深化合作扩大传播等方面提升"荔枝特报"内容质量与传播度,在具有区域辐射能力的中心城市开辟地方记者站,建立当地信息联络网、推动资源整合,形成区域影响力;重点垂直工作室继续发力、各自深耕,特别撬动以江苏卫视为代表的江苏广电总台综艺、影视、演唱会、音乐节等头部文娱资源,联动总台 MCN 机构共同探索内容、产业、商业的融合联动,实现经济效益和社会效益双丰收。

在融合机制上,以"垂直"联结多个移动互联网行业。以科技、财经、文娱等与移动互联网领域交集密切的领域为核心,深化与头部互联网公司、在线教育、在线医疗等垂直移动服务平台在宣传、社交媒体联动、新商业等方向的合作，增强关联业界影响力。在平台技术上，集中力量优化内容精准投放。与头部互联网技术平台开展联动，全面深化智能化分发机制，争取实现全平台"数字化"管理：经由算法优化和内容池扩源提升智能推荐能力，新增个性化新闻弹窗推荐与功能分众化展示等推荐功能，建设集信息采集、数据分析、策略定制于一体的用户、内容、营销数据化管理平台，并用其重组采编分发机制，提升内容投放精准性，从供给层面真正黏住用户。

五、社会反馈

截至 2020 年 4 月，"荔枝新闻"下载用户突破 2700 万，留存率、活跃度等用户数据表现良好，全网刷屏爆款内容频出，"荔枝新闻"客户端及自媒体矩阵累计点击破百万稿件有 210 篇，破千万稿件有 62 篇。自 2019 年 7 月至今，在索福瑞统计的全国省级台融合传播指数中，"荔枝新闻"与"荔枝视频"微博账号多次位居全国省级台账号前三。"荔枝系"在微博、短视频领域成为领军品牌，在全国同行和移动互联网用户中引发关注，初步打响全国知名度，多家互联网头部平台主动寻求合作，全国多家省、市、县媒体纷纷来"荔枝新闻"调研学习，形成行业带动效应，再度成为江苏省内媒体向全国"出圈"的探路先锋。

六、启示

对传统媒体来说，技术是做新媒体最大的壁垒。"荔枝新闻"客户端从开始到现在，始终坚持核心技术自主开发，并始终紧跟前沿趋势进行产品升级。自2019年开启"全国化战略"，"荔枝新闻"的全国影响力不断攀升，与多个互联网头部平台开展合作，借内容资源与平台影响力置换的技术联动也同步展开，使产品水准在省级广电中处于领先地位。

"荔枝新闻"客户端的发展，离不开江苏广电母体强大的内容、平台与技术支撑。2019年在全国打出影响力的特色品牌"荔枝特报"与"荔枝视频"，更离不开广电丰富的视听资源与成熟的采编体系。伴着5G时代的到来，视频日益成为资讯行业大力发展与激烈争夺的业务方向，广电系媒体融合的优势也日益凸显。目前，江苏广电媒资库中视频存储量已达到近30万小时之巨，与此同时，江苏广电旗下15个电视频道，每天还在源源不断的生产当中，保守测算，日均生产视频节目超过50个小时，每天播出视频时长约在360个小时。作为专业的视频生产机构和国内强IP的内容生产平台，江苏广电母体在移动视频时代，是"荔枝新闻"得以突破地域，在全国打出影响力的支撑和保障。

移动互联网时代，商业、互联网、垂直行业、传统产业与媒体的交集愈来愈多。媒体融合是媒体内部的融合，是媒体与媒体的融合，更是媒体与一切产业的融合。"荔枝新闻"对内依托总台融合生产机构改革与县级融媒体中心建设工作，对外把握住"长三角区域一体化"政策红利，在改革开放 40 年、中华人民共和国成立 70 周年、全面建成小康社会等重大主题宣传，中国国际进口博览会等重大活动，抗击台风"利奇马"等突发新闻报道中，与央视新闻、新华社、《人民日报》等中央媒体，和"看看新闻""中国蓝TV"、海豚视界等长三角广电系新媒体，封面新闻、闪电新闻等其他区域中心媒体，以及快手、抖音、美团、淘宝、百度、腾讯、爱奇艺等头部互联网平台开展多样态联动。坚持做服务、拓市场、提技术，从媒体与产业的跨界融合中，真正赋予优质内容更大的价值。

第三节　甘肃县级电视新闻融合的
发展路径探析

县级媒体是我国数量最多、分布最广的基层主流媒体，是连接中央、省、市与基层群众的"最后一公里"，然而，其在县域传播生态中经常缺位，陷入"结构性过剩，但实质性短缺"的境地。

改革开放以来，我国县级媒体有过多次调整。1983年，"四级办电视"制度的确立使县级媒体迅速发展，但随之而来量增质减、重复建设问题越发凸显。1999年，国家陆续出台网台分离、取消县级电视台自办频道等措施；2003年，大力整顿县级报纸泛滥、基层不堪重负问题。长期以来，"治散治滥"成为县级媒体治理的重点，但"一放就滥、一管就困"的问题却一直贯穿其中。

近年来，县域用户成为移动互联网最大的增量群体，移动互联网的下沉改变了基层传播生态，通过"去中心化"的方式削弱了国家在基层传播结构中的主导地位，继而危及主流声音的传递和共同意识的形成，由此导致基层"主音弱，杂音多"，上情下达和下情上传均难以高效实现，基层社会治理体系受到一定的威胁。

新一轮县级媒体改革直接关系到基层社会治理创新。2019 年 1—4 月，中宣部和国家广电总局出台五份文件，规范了县级融媒体中心的业务类型、总体架构、功能要求、配套基础设施等，首次提出以"省级技术平台"为依托的建设思路。2020 年 9 月 26 日，中共中央办公厅、国务院办公厅印发《关于加快推进媒体深度融合发展的意见》，提出资源集约、结构合理、差异发展、协同高效的原则，完善中央媒体、省级媒体、市级媒体和县级融媒体中心四级融合发展布局，推动传统媒体和新兴媒体在体制机制、政策措施、流程管理、人才技术等方面加快融合步伐。

然而，各地资源禀赋有别，政策支持各异，县级媒体改革发展路径也不相同。以甘肃为例，其县级媒体融合发展大致经历了三个阶段：一是在县域自主探索期，形成了以庆城、陇南、玉门等地为代表的多元化媒体融合发展模式；二是在全省整体建设期，形成了以"新甘肃云"为依托的省级融媒体指挥平台引领全省县级媒体发展格局；三是在省地深入融合期，一方面"全省一张网"的一体化改革不断深入，另一方面多种力量参与、多元主体共建的县级媒体融合发展格局正在形成。本书即对这个过程加以梳理，希望能为其他地区县级媒体融合发展提供借鉴参考。

从网台分离、报业整顿开始，县级媒体融合改革就已被提上日程。在甘肃，县级媒体在全省统一改革前就开始了自我探索，他们根据所在县市的特点，因地制宜、谋篇布局。

这其中，以庆城、陇南、玉门为代表，创造了"借船出海"、治理赋能、平台再造等不同模式，为县级媒体融合发展积累了宝贵经验。

一、庆城

庆城位于甘肃东部，2020 年才正式退出国家贫困县序列。由于资金、技术有限，庆城主要通过主动入驻大平台、自主打造小平台的方式创建传媒矩阵，加强内容生产创新，扩大传播影响力，并倒逼县级媒体自身运行机制改革。走出一条借梯上楼、借船出海、抱团发展的媒体融合之路。

庆城电视新闻媒体的主要转型手段有：

一是入驻省级广电平台。2015 年，庆城在甘肃广播电视总台手机客户端率先开通"庆城在线"账号，成为入驻省级广电平台的第一家县级媒体。据统计，截至 2018 年，庆城 23 万多名的手机用户中，有近 20 万名手机用户安装了甘肃省广播电视总台手机客户端，"庆城在线"对省广播电视总台手机客户端形成了"反哺"。二是入驻其他新媒体平台。2016 年，庆城正式入驻今日头条；2017 年入驻新华社"现场云"；2018 年与新浪、腾讯、快手、抖音等 40 多家移动互联网平台达成协议，使其新闻直播和发布的点击量提升了 10 多倍。通过不断入驻各类媒体平台，庆城触达了尽可能多的用户，扩大了自身的影响力。

2017 年，庆城在全省范围内率先推出"庆城 TV"客户端。同年 9 月，庆城广播电视台在全国市县台推优活动中入选"20 强市县电视台"。客户端建成后，与中央、省、市三级媒体的客户端建立战略合作关系，同时推动县级"两微一端"和五个社会化媒体客户端的融合，建立内容分发协作审核工作机制，实现多层级平台的纵向融合和横向整合，将平台化发展策略贯彻到底。

平台化发展自然推动内部改革。2017 年，庆城广播电视台对内部组织进行重新架构，撤销了新闻部、专题部、播音部等部室，成立了全媒体行政管理中心、全媒体新闻策划采编中心、全媒体新闻信息刊播中心等 6 大部门，下辖 13 个小部门，实行大部制运作模式。全媒体内容生产机制的建立，打破了电视台过去条块分割、沟通不畅、素材资源难以调动的问题，使内容生产质量和数量显著提升，各平台粉丝量迅速增加。

为了激活人才积极性、主动性，庆城广播电视台采取一系列措施：一是出台《量化绩效考核实施办法》。设立奖惩制度，为每个岗位设立定性与定量相结合的考核指标，以此拉开员工收入档次，激活员工积极性。二是采取"送出去，请进来"方案，让员工出去参加学习研讨，请专家进来培训指导，以此提升员工全媒体传播能力。此外，庆城还持续招聘大学生，为全媒体运营注入新鲜血液。

内容生产一直是庆城广播电视台的核心竞争力，尤其是自办节目广受好评。2000—2017 年，庆城广播电视台荣获

"中国广播影视大奖" 21 件次，荣获"甘肃新闻奖""甘肃广播电视奖"189 件次，获奖数连续 17 年位列全省县级媒体前二。针对各平台风格差异和传播需要，庆城广播电视台每天召开编前会，对选题、采访等流程进行全面规划，同时还根据绩效指标，重奖优秀稿件，全面调动员工的创作积极性。此外，电视台还与政法委、农村工作部、环保局、卫计局等部门联合创办栏目，取得了很好传播效果。

二、陇南

陇南位于甘肃最南端，是脱贫攻坚主战场，2013 年所辖 9 个县区全是贫困县，其中 5 个是深度贫困县。2013 年，陇南成县一领导在微博上推销核桃大获成功，成为全市发展电子商务的重大"媒介事件"。自从那时始，陇南将农村电商作为支柱产业，其迭代发展反过来促进县级媒体的改革升级，并成功走出一条治理赋能、纵向融合的新路子。

陇南在电商起步前，各项互联网基础设施非常薄弱，许多村庄（甚至乡镇）不通宽带、光纤，基层互联网渗透率很低。然而，随着在线促销的成功尝试，陇南大力推动互联网硬件建设。市政府积极投入资金，加快网络化、信息化改造。随着互联网走进千家万户，逐渐形成全民触网、联网的繁荣景象。

随着电商团队、微媒助力、典型引领"三轮驱动"模式的推动，陇南各类新媒体迅速发展，形成规模空前的"微媒矩阵"——2690 个实名认证政务微博、949 个政务微信、385 个政务网站以及无数个人微博微信账号。随着与淘宝、京东、拼多多等平台合作，陇南电商粉丝覆盖全国，形成巨大合力。近年来，陇南积极入驻短视频平台，扶持本地带货主播，举办电商节、电商全明星电子竞技大赛、抖音短视频大赛等活动，努力探索新媒体跨界融合新模式。

之后，陇南出台《陇南大数据、数字城市发展规划》，按照"互联网 + 数据服务"框架，建成大数据云计算中心、大数据政务中心、大数据运营体验中心、大数据共享交换平台、乡村大数据平台，为媒体融合、政务集成、服务优化搭建在线平台。平台助力《陇南日报》率先推进媒体融合改革，依托微信公众号"陇南发布"聚合"陇南大数据政务管理"，集合 135 个单位的 985 项数据指标，实现网上政务一站式办理，以此倒逼各部门开展信息化建设，极大提高了政府决策和为群众办事的效率。

以"媒体融合 + 大数据"为思路，在"陇南发布"上开发"陇南乡村大数据系统"，集纳市、县、乡镇、农村等各级门户近 3500 个。借助该系统，村民可以使用"线上乡村"的邻里动态、村红白事、话题讨论、公告栏、农技交流、村务公开、找村医、网上办事等功能，从而使"分散在不同空间的人群通过虚拟在场实现重新聚合"。系统还开设"村聊"版块，增强村民互动功能，让在外地的村民在线了解乡村资讯，感受故乡变化、参与村务讨论，从而加强组织纽带，促进共同治理。这些做法进一步强化了市—县媒体联动，达到纵向深度融合效果。

三、玉门

玉门是甘肃西北部的一个县级市，规模不大，常住人口不到 17 万人。2016 年，玉门将广播电台、电视台、新闻中心整合，成立玉门广播电视台，同时立足智慧城市建设，提出"新闻 + 政务 + 应用服务"模式，探索出一条以自建平台为主的媒体融合之路。

硬件差、技术差，群众触网率低是玉门媒体融合改革前面临最大的困境。为此，玉门以基础设施建设为抓手，构建城市媒体发展生态，培育用户。2016 年，依托"智慧玉门"建设，建成覆盖全城公共场所的免费 Wi‑Fi，并推出"爱玉门"客户端，当年用户量达到了 17000 人。2018 年，1043 个广播音柱组成的无线广播播发网建成并覆盖城乡村组。这些设施为后续媒体融合发展奠定了基础。2018 年，玉门"两微一端"粉丝量接近 5 万，几乎达到全市常住人口的 30%。

2017 年，"爱玉门"开设行政审批服务平台，提供申报审批、预约办理、注册办证等功能事项共 327 个，涉及 32 个部门。2018 年融媒体平台建成后，"祁连云"数据中心也与政务服务进行绑定，成为政府数据存储的管理服务平台。通过承接政务服务，玉门实现了域内政务资源的有效整合，推动政府部门的信息化，为政府和群众之间架起了一座桥梁。

2018 年，玉门启动县级融媒体平台建设，以"新闻+政务+应用服务"为思路，打造"一中心四系统"，包括"祁连云"数据中心、融媒体生产系统、融媒体报道指挥系统、融合媒资管理系统和全景演播室系统。以"爱玉门"为依托，与微信、微博、央视新闻、视听甘肃、今日头条等平台开展合作，打通传播渠道接口。同时，重构策、采、编、发流程，充分激发员工积极性；开设《百姓说事》《随手拍》等特色互动栏目，将广大用户变为"全民记者"，有效发挥舆论监督功能。

除了新闻服务，融媒体平台还集纳了相关应用服务：一是连接公共服务。2018 年，玉门推出"活力网格"融媒体平台。1800 多名网格员通过"爱玉门"反馈巡查信息，后台则通过平台下发相关指令，及时解决问题。同时，群众也通过"爱玉门"表达诉求、反映问题。"爱玉门"作为政府和基层群众的中介，推动了沟通交流，创新了社会治理方式，有效化解了基层矛盾。二是延伸增值服务。仍以"爱玉门"为依托，融合商超服务、同城交易、求职招聘、餐饮娱乐等多项生活服务功能。同时内嵌互动贴吧，用户可以发帖互动，平台陆续开展玉门宣传口号、市花、市树等的投票活动。

县级融媒体要搞好，必须有省级媒体带动，甘肃省在这方面下了大力气。

一、"全省一张网"的提出

2019 年 1 月 15 日，中共中央宣传部和国家广播电视总局发布的《县级融媒体中心建设规范》指出：县级融媒体中心应优先利用省级技术平台资源，结合实际情况进行部署，已建设的系统应逐步对接到省级技术平台。同日，国家广播电视总局发布的《县级融媒体中心省级技术平台规范要求》明确指出：省级技术平台负责支撑宣传管理部门对省域内县级融媒体中心的统一宣传管理和内容监管、支撑县级融媒体中心的通联协作和内容交换业务，实现省域内县级融媒体中心的联合报道和新闻内容交换。

不过，甘肃省级技术平台建设早于上述规定。2018 年 12 月 1 日，甘肃省委省政府制定了《甘肃省加强县级融媒体中心建设工作方案》，确定由甘肃省委宣传部牵头，甘肃日报报业集团旗下的新媒体集团（集团于 2018 年 10 月 28 日成立，"新甘肃"客户端同步上线）负责全省统一技术平台的研发，省广电网络公司积极参与，合力建设省级技术平台，为县级融媒体中心提供内容传输、技术更新和运营维护等服务。新平台被正式命名为"新甘肃云"。在具体建设中，甘肃新媒体集团与人民日报媒体技术公司、北大方正电子公司和华为技术公司合作，分步骤、分阶段建设，以"平台统一、技术统一、数据统一、资源共享"为目标，推动用户、技术、资源、数据、平台等的联通，打造"全省一张网"。

二、一体化媒体融合格局的形成

"新甘肃云"一期工程于 2019 年 3 月 29 日上线，设有新媒体生产、传播效果分析、大数据服务、舆情监测等功能。同年 7 月 19 日，第一批被列入国家重点建设任务的 25 个试点县级融媒体中心正式入驻省级平台。2019 年底，全省共 86 个县（区）融媒体中心完成入驻。至此，"全省一张网"的融媒体建设格局初步形成。

第一，在技术支撑方面，各县级融媒体中心所需的技术、维护、指导、培训均由"新甘肃云"提供一站式服务。平台建成以来，已通过政策解读、技术指导等方式陆续为县级融媒体中心工作人员开展过多场培训，进而加强其与"新甘肃云"的协同。

第二，在后台管理方面，"新甘肃云"授权管理部门对各县上传内容做到"重要信息一键发布、有关要求一键传达、违规内容一键删除"，这就使省级平台跨越行政层级，直接对县级融媒体中心发布的内容进行管理。

第三，在日常运行方面，各县级融媒体中心采集制作的原创新闻通过"新甘肃"客户端进行发布，并且传到平台的云端稿库，这些稿件再由甘肃日报报业集团旗下的报纸、"两微一端"等进行选用，也可以发布到第三方平台。于是，省级平台发挥出"总编室"功能，而各县级融媒体中心就变成了"记者站"，持续为平台提供新鲜信息。

第四，在突发事件或重大主题宣传方面，"新甘肃云"发挥全媒体指挥中心作用，直接在后台将宣传要求一键下发到各个县级融媒体中心。平台建成后，曾联合多家县级融媒体中心开展多个大型专题宣传报道活动，如"苹果红了！"多县区联动直播、"抗击疫情甘肃在行动"协同报道活动等。

第五，省级平台建立严格的竞争考核机制，将各账号发稿情况、传播指数等进行统计排名，纳入各县级融媒体中心年度考核，促使县级融媒体中心积极进行账号更新。

总之，一体化省级平台使全省县级融媒体中心建设的费用大幅降低，效费比很高，而且在短时间内实现了资源整合，有力改变了以往县级媒体发展的"小、散、乱"状况，帮助那些没有技术、没有运维能力的县级媒体快速打造县级媒体客户端，并在管理和业务上获得省级平台给予的支持，极大发挥全省"一张网、一盘棋"的效用。

三、一体化媒体融合带来的新问题

一体化媒体融合也带来了新的问题。其中，隐性重复建设就是一个非常现实的问题。以玉门为例，其2018年就自建了县级融媒体中心平台，但是，为了与"新甘肃云"省级平台对接，又不得不采购省级平台的服务。与此同时，也有一些县级媒体在省级平台建成后依然"埋头"自建平台，忽略"协同"和"统一"的关系，陷入了建设误区。另一些县级媒体则在融入省级平台的过程中，下架了原先自建的平台，甚至"连服务器中的数据都没有保存下来"。显然，和自由探索不同，一体化建设带来的自主性缺失成为县级融媒体中心发展的一个掣肘。就目前来看，省级平台提供给各县的融媒体客户端主要是内容生产和信息发布功能，而在政务、服务、商务等方面的功能开发方面仍有不足，这就限制了县级媒体原有的开放性和灵活性。一些县级融媒体中心主任也表示，这种机制和现状让他们"很难大胆自主创新"。

当前，甘肃县级融媒体中心建设工作基本完成，并进入深度融合发展期。这一阶段，多主体协同参与成为一大特点。省级媒体平台仍是推动并指导县级融媒体发展的主导力量，但是，其他中央和省市级媒体、媒体技术服务商和外部合作资源同样也是重要的参与力量。

如前所述，"新甘肃云"是甘肃县级媒体融合的省级技术平台，是全省县级媒体融合的主导力量。该平台由甘肃新媒体集团研发搭建，省广电网络公司积极参与。在实际建设中，甘肃新媒体集团还直接承接了省委宣传部"甘肃发布"政务新媒体及"甘肃新闻发布厅"频道的建设工作；而甘肃广电网络公司则更多地承担"新甘肃云"的技术支撑工作，同时也承接一些县级融媒体中心的建设工作。

在省级媒体中，甘肃广播电视总台也是一支重要力量。甘肃广播电视总台很早就开通了总台客户端，并借助在县级电视台的广泛影响力，不断推进"省带县"媒体融合。目前，甘肃广电总台客户端全省已有 14 个市级行政区划的 57 个地方媒体账号入驻。此外，总台还积极邀请政府机构、行业主流新媒体及有影响力的自媒体入驻新媒体集成播控平台，同时牵头组建甘肃广电融媒体新闻联盟，聚合全省 14 个市级行政区划的 86 个县级广电媒体以及各行业的广电宣传机构，共同打造"联播甘肃"全媒体传播矩阵。2018 年 1 月，总台建设融合新闻生产及协同调度系统"全流程媒体融合飞天云平台"，以全媒体业务为着力点，通过数字化、网络化、云化和智能化技术，重构采编流程，并且借助 App 实现网络资源共享，可以和甘肃 86 个县级新闻机构开展协同策划。

另外，以人民日报社、中央广播电视总台、新华社为代表的央媒也是推动县级媒体改革的重要力量。人民日报社"全国党媒信息公共平台"，以"百端千室一后台"为特点，打造共享技术后台，推动媒体行业融合；中央广播电视总台"全国县级融媒体智慧平台"，专门为县级融媒体中心建设进行全方位赋能；"学习强国"也上线"县级融媒"频道，致力打造县域资讯与文化平台，鼓励县级融媒体中心入驻。这些中央媒体的主动下沉，为县级媒体融合提供重要的技术、业务、内容和平台支撑。在甘肃，新华社新闻信息中心助推县级融媒体中心建设工作较有特色。他们在具体工作中摆脱了一般的平台建设，积极深入基层一线，为各县级融媒体中心提供技术、内容、培训等全方位的服务。例如，新华社融媒体中心的服务工作主要有三个层面：一是技术层面，依托新华社现场云直播技术平台、新华社全媒新闻服务平台、Magic 短视频智能生产平台等实现技术赋能，提升地方媒体在智能生产、快速采集、多渠道分发等各方面的能力。二是内容层面，实现双向维度的信息传播和优质内容的资源整合。

一方面，新华社专门开通县级融媒体中心专线和短视频专线，解决县级融媒体中心优质内容匮乏的问题，将中央政策新闻及时、准确、有效地传达到县级融媒体中心，助力县级融媒体中心转型升级。另一方面，县级融媒体中心采集的地方新闻通过新华社客户端订阅号上传到新华社平台或反馈到新华社新闻信息中心，供其择优选用。新华社新闻信息中心还专门针对县级融媒体中心，策划"千城早餐""千城胜景""第一书记"等优质新闻产品征集活动，形成现象级传播，扩大了县级融媒体中心的传播力和影响力。三是培训层面，整合新华社与其他优势资源，对县级媒体工作人员进行实战型技术和业务培训，传授新媒体理念、多媒体技术、新闻策划及传播创新等。

再者，市级媒体的参与也是很重要的一个方面。随着一些地市级媒体主动发力，加之 2020 年中共中央办公厅、国务院办公厅印发的《关于加快推进媒体深度融合发展的意见》明确提出"四级融合"的理念，市级媒体也成为助力县级媒体融合的重要力量。在甘肃，上文提及的陇南就是典型代表。2019 年 12 月，陇南市融媒体中心成立。该中心由陇南广播电视台和陇南日报社共同运营（二者原有体制保持不变），陇南大数据管理局提供技术支撑，陇南市委网信办提供新媒体管理和网络舆情监测。通过整合全市宣传资源，陇南市融媒体中心打造了融媒体生产平台、媒资共享交换平台、前端发布平台和融媒体指挥管理系统。陇南市融媒体中心和线上新时代文明实践中心、陇南乡村大数据打通，提供"宣传＋政务＋服务"业务。陇南市融媒体中心还上线"陇南融媒"微信小程序，集合下辖1区8县的资讯，提供微法院、微警务、赶集、找工作等功能，方便用户使用。市级媒体融合的下沉，将触角伸到了县级融媒体中心乃至乡村一级，不仅提供了更多的服务，更与广大人民群众建立了有效的连接。

"市带县"的纵向融合模式在甘肃非常普遍。在兰州，2018年10月，兰州广播电视台融媒体指挥调度中心建成，该中心依托云计算、大数据等技术，为区县级融媒体中心提供服务，推动市级媒体与区县融媒体中心资源互通、平台共享；2020年6月，兰州日报社融媒体中心挂牌运行，为全市区县融媒体中心提供"全方位、多角度、立体化"的新闻宣传服务。在庆阳，重点打造《陇东报》所属的"掌中庆阳"客户端，指导陇东报社与域内县级融媒体中心共建、共享、共融、共赢，以"一县区、一首页"方式，启动市县媒体融合，构建市、县区分级自主可控的新型主流媒体平台。在武威，将武威日报社、武威广播电视台新闻资源整合一起，成立武威传媒集团，通过全媒体策采编播平台建设，实现与中央、省级新闻媒体和县区融媒体中心技术对接。此外，甘肃的酒泉、天水、白银等地也都建成了市级融媒体中心，并且都通过"纵向融合"，为辖区县级融媒体中心开设接口，推动域内各县级融媒体中心的资源整合。

在一体化建设背景下，不少县级融媒体中心放弃了自主建设平台计划，甚至关闭了运营较为成熟的平台。但是，在调查中，仍有不少县级融媒体中心负责人表示，希望继续打造自有平台。在他们看来，自有平台是"阵地"，也是新闻宣传和媒体经营的"自留地"，能够调动广大县级媒体工作者的积极性。一位县级融媒体中心负责人表示，他们在自主探索的道路上深耕很久，甚至与服务商合作，建设了内测版的融媒体平台，开发出资讯头条、乡镇社区、部门快讯等版块，同时还连接了商城、直播、活动等服务版块，综合集纳了网站、客户端、小程序等功能，平台完成度很高，但与现行政策冲突，只能限于内测使用。

与外部资源合作是县级媒体融合改革的策略之一。和上述庆城"借船出海"一样，不少县级媒体在各类新媒体平台上注册账号，并收获大量粉丝，在对外宣传的同时，也倒逼内容制作不断提升。当然，由于不同平台算法、机制、传播模式有别，也有个别县级媒体难以同时同步适应，有的甚至出现"僵尸号"的情况。

此外，发挥自身优势，开展商业合作、跨地域合作、学界合作，也是不少甘肃县级媒体的创新做法。比如：靖远县融媒体中心成立公司，探索商业运营，一年收入高达上千万元；合作市融媒体中心与天津滨海新区融媒体中心签署协议，开展对口帮扶合作；庄浪县融媒体中心与部分高校合作，成立数字媒体服务学习基地、创新创业与实践基地，建立"产学融合、创新赋能"的校地合作关系……这些做法，都是外部资源介入县级媒体融合改革的有益尝试。总之，尽管一体化媒体仍是推动甘肃县级媒体融合建设的主导力量，但是随着省地双向磨合以及各大主流媒体和社会化媒体平台的主动下沉与介入，"多元一体"的县级媒体融合发展之路正在形成。

县级媒体融合不可能是"独奏"，更应是"合唱"。"多元一体"和谐发展是其应该要走的路。通过对甘肃的观察，我们认为县级媒体融合应注意以下几个方面：首先，建强、建优省级平台。对县级媒体融合而言，省级平台依然是最重要的主导性平台，是"全省一张网""全省一盘棋"的金牌平台。尤其对欠发达省区而言，省级平台是一项"兜底"工程，也是当前县级媒体融合建设的基本模式和主导模式。其次，做大、做活县域资源。对具体县级融媒体中心而言，若无本区域趣缘、业缘、文化缘作为黏合剂，很难达到聚人气、凝人心的效果。应积极调动县级媒体的自主性，不断深挖本地的内容资源、用户资源、市场资源，努力探索"千县千面"的特色化创新之路。第三，内培、外引多元主体。对县级媒体而言，应在一体化发展的同时，努力探索"你中有我，我中有你"，进而变成"你就是我，我就是你"，从而构建融为一体、合而为一的全媒体传播格局。在具体策略上，应积极内培、外引多元主体，让多元主体为我所用，建设具有包容性、协作性的传受融合平台，共同打造媒体融合"大舞台"。第四，共建、共享融合生态。媒体融合实际上是资源和能力的聚合，其目标是形成资源集约、结构合理、差异发展、协同高效的全媒体传播体系。聚合是手段，协同是目标，体系的打造离不开多元主体的合作。应通过平台化的发展战略实现纵向媒体层级和横向媒体资源的无缝对接，大小平台相互嵌套，"在共生中寻求发展"，实现资源、技术、渠道、利益的相互融合，共建共享融合生态。第五，抓精、抓细对话沟通。对县级媒体融合而言，"引导群众、服务群众"是其根本目标。一方面整合政务、新闻、服务等基础功能，充分传播好基层声音，让群众听得到、听得懂、听得进；另一方面要通过双向沟通，使中央与地方对接、内宣与外宣联动、政府与民众互动、组织和群体联动，努力将其打造成为信息互通、政策畅通、民心相通、社会融通的全媒体对话枢纽。

附录

附录一

试论地市级电视台如何做好
与新媒体的融合文章

摘　要：在全媒体时代，新兴媒体给传统媒体带来了冲击，对处于"夹心层"的地市级电视台冲击更大，这是挑战，也是机遇。本文从地市级电视台如何在利用好现有资源的基础上，做好与新媒体的融合，从而走出一条可持续特色发展之路方面进行了探析。

关键词：融通平台　借势发展　本土化

在当前的媒体环境下，舆论生态发生了显著变化，新兴媒体的迅猛增长给传统媒体带来了巨大冲击，对地市级的传统媒体冲击更大。地市级电视台受人力、物力、财力等众多因素的制约，在体制机制的改革创新上，地市级电视台往往举步维艰。在如今的全媒体时代，要适应宣传工作的新趋势，提升自己的主流声音和放大传播效应，保持舆论主阵地地位，就必须突破阻力、顺势改革，深入做好与新媒体的融合文章。笔者以为，地市级电视台应从以下几个方面着手，构建起一套适合全媒体时代的运作体系。

一、重视传播载体的构筑延伸，打造全媒体融通平台

平台是一个媒介最重要的构成要件。地市级电视台在利用好现有广播、电视、报纸等传统媒介的同时，要迅速建立网站、微信、微博、客户端、电子屏等新兴媒介平台，构筑起从传统媒体到新兴媒介融会贯通的全媒体平台。

如今，很多地市级电视台大部分已经建起了网站，注册了微信、微博账号等，但却没有很好地利用起来。要想让这些平台充分地发挥作用，就必须做到常通、互融。

1. 常通

就是要经常维护、实时更新消息，以提高它的影响力。不能今天有内容，明天不更新，再过几天之后，又发一条，这样的发布时效和管理传统媒体的方式已经完全不能适应新媒体时代的要求了。

2. 互融

就是要相互借力、相互融合。新媒体可以实时更新消息，而传统媒体擅长做深度解读，新媒体可以随时与观众互动，传统媒体有制播大型活动的先天优势，所以，地市级电视台一定要充分发挥好自己和新兴媒体各自的优长，相互弥补不足，相互借力发展，做到各个媒介平台的常

通、互融，这样，才能形成较好的集成传播效应。

二、改革现有的传统采编机制，打造好"中央厨房"

"与'中央厨房'密切相关的概念有大编辑部、大采编中心、数字化采编中心、新媒体采编中心、内部通讯社等，他们都基于一个核心，那就是集约化生产与管理"。湖州广电传媒集团在探索传统媒体与新媒体融合发展上就走到了各个地市级广电媒体的前列，该集团推出的"全媒体中央厨房"项目更是受到诸多专业媒体人士的关注和好评。在2012年抗击强台风"海葵"的报道中，"全媒体中央厨房"把分散在各宣传平台的采编人员全部纳入"中央厨房"，对海量信息加工整合，在电视、广播、报纸、微博、微信等平台以多种形式同步推出，发挥了强有力的舆论引导作用，也用实践证明了媒体融合的巨大潜力。

事实上，要适应全媒体时代的新闻报道形势，地市级电视台就必须改变传统的新闻、栏目各自为战的采编模式，推行采编分离，建立采访中心和编辑中心，打造好"中央厨房"，实行统一的媒资系统运作模式。要对新闻采编人员、采访资源进行整合，建立全台统一的媒资库，实行采编分离、资源共享。一线采编人员把采访素材进行粗编后汇总到编辑中心，然后由编辑中心进行整理，上载至全台统一共享的媒资库，各节目组根据各自所需，调取素材精编包装，上传播出。

2015 年 7 月，我们有幸参与了新华社甘肃分社"问道崆峒·行进平凉"大型全媒体融合报道活动，我们参照新华社的做法，把记者采制的素材，分别传给了新闻、专题、微信微博组，要求他们按照各个媒介传播的特点进行精细化包装制作，然后通过电视、广播、微信、微博进行了播发，宣传效果显著，社会反响良好。这样一次"统一采集、多种生成、多元传播"的有益尝试，让我们充分尝到了"中央厨房"省时、省力而且传播广泛的神奇威力。当然，在这种运作模式中，一线采编人员的职业素养特别重要，在拍摄素材时，一定要考虑到多种媒介的特点和各个节目形态的需求，尽量多地摄取现场信息，绝对不能把遗憾留在现场。

三、结合全媒体时代的传播特点，构建灵活的受众参与机制

全媒体时代，不再是简单的"你播我看、你写我读"的传统传播模式，而是讲究传播的及时性、互动性、参与性。所以，只有与受众互动起来，形成"你中有我、我中有你"的传播效应，才能让受众真正感受到参与融入的愉悦和快乐。

2014 年羊年春晚，"摇一摇"的参与方式可能是大家除了节目本身，对那届春晚记忆最深的了，大家都紧盯着

电视屏幕，生怕错过了一个红包。据统计，那届春晚，互动的人次超过了 100 亿次。试想，那些目不转睛地盯着屏幕上的二维码，不停地在摇动手机的观众，难道仅仅是为了摇到几块钱的红包吗？我想更多的人一定是为了体验参与的快感！

当然，地市级电视台可能由于资金、技术等条件的限制，直播的节目不多，采用"摇一摇"这种互动模式还不太现实，，那么，我们就可以采取适合本地实情的一些方式充分地和受众互动起来。

1. 封闭式参与模式

这种模式主要是媒介进行参与控制，后台收集数据。对于受众来说，只要观看或者点击浏览了就相当于参与了。我们以前的所用的收听率、收视率、点击量等就属于这一种。在此基础上，台上可以定期开展评选活动，对那些最佳爆料、积极参与的观众进行奖励，以激发观众的参与热情。除此之外，可以利用微信、微博等新兴媒体推出节目近期的制播计划，看看观众的支持率，还可以就目前的各种热点焦点社会现象，由编辑设置有争议的问题，让公众以投票的方式表明观点态度。

2. 开放性的参与，也称为主动参与模式

参与的主动权更多地掌握在公众手里，参与程度较高。我们以前常用的新闻热线、观众来信就属于主动参与模式，在继续沿用这些传统模式的同时，地市级电视台要充分利用网站、微信、微博、手机客户端等新媒体反馈及时、联系广泛的特点，和广大受众积极地互动起来，开通论坛、博客和微博的微评论等，让受众留言、评论，或者就有关节目议题展开讨论，甚至可以挑选一些有代表性的网民在节目中发声、亮相，增加受众的参与度。当然，也可以利用新媒体征集新闻线索和受众对节目的意见、建议。

四、充分利用全媒体平台，巩固传统媒体的权威

全媒体时代，是全民记者时代，一张照片、一段视频，都会成为热传热炒的焦点话题，这对传统媒体既是挑战，又是机遇。因为这样的消息，不是权威媒体发出的，受众往往是半信半疑。那么，作为当地党和政府喉舌的主流媒体——地市级电视台，就可以利用自己在人员设备专业、传播渠道广泛、发布平台权威等优势，就此新闻线索进行深入报道，以正视听，巩固主流媒体的权威。2014 年 6 月 18 日，平凉许多市民的朋友圈被一条消息刷屏，消息称：泾川县高平镇昨晚遭受冰雹灾害，损失惨重。该消息附了一张厚厚的冰雹的照片，而没有农作物遭受灾害的图片，这引起了许多网友的怀疑。电视台的记者经过调查发现，高平镇当晚的确遭遇冰雹天气，但没有那么严重，网上流传的是闫某把冰雹故意堆在一起拍的特写照片。记者调查性质的这条消息经过电视台的视频、报纸、网站、微

信、微博等媒介播发后，引起了强烈反响，闫某也因传播不实信息被公安机关惩戒教育。这一事件，在网友心目中再一次巩固了电视台的权威。

除此之外，地市级电视台可以建立和有关部门、单位以及兄弟媒体的微信、微博互动机制，进一步提高全媒体时代电视台"双微"的权威性、及时性、精准性。

五、做好分类、做精内容，让本土化成为融合的主题

本土化是地市级电视台的优势和强项，所以，地市级电视台只有挖掘本土化的新闻，或者让新闻本土化，充分发挥好传统媒体和新媒体的优势，用本土化引领品牌化，才能让融合变得更有实际意义和产生更深远的影响。

1. 让新媒体融进时政新闻的报道中

时政新闻是地市级电视台的重头戏之一，也是区别于其他新兴媒体的重要特征之一。党的十八大以来，尤其是党中央出台改进工作作风、密切联系群众八项规定并在各地严格执行后，时政新闻尤其是党政领导活动报道呈现出了新媒体手段介入、报道立体、主题深化等新特点。在当地，新兴媒体对时政新闻的报道，要么避而远之，要么依赖于传统媒体和政府网站。有了自己的新媒体，地市级电视台就可以充分利用自己的网站、微信、微博等新媒体，对市委市政府主要领导的重要活动以及其他时政新闻，在

保证准确的前提下进行快速发布，然后再在传统媒体上进行精深报道，从而大大提高了新闻发布的时效性和传播的广泛性。

2. 扬长避短、巧妙融合、立体传播

在全媒体时代，传统媒体因受播出时间、制作周期的限制，以前的长板变成了短板。地市级电视台的记者必须把自己以前的优势转变一种新的方式进行极致发挥，才能构建一个更具竞争力的"新木桶"。这种新的方式就是"我们不再告诉大家刚刚发生了什么，而是告诉大家发生的事意味着什么"，给受众带来更深刻的分析、更全面的解读。

2015 年 9 月 11 日，平凉市政府新闻办发布户籍制度改革有关新政，平凉广播电视台网站、微信公众号和微博账号当天先播发消息《我市全面放开城镇落户限制》，在电视新闻报道中，记者通过采访公安局户籍办相关人员和一些群众，于次日制作播出了《户籍制度改革给我们带来了什么?》的延伸性报道，从创业人员落户、孩子上学、医疗保障等不同角度，解读了这样一个改革对当地群众生活带来的影响和其实际的意义，第二天的微信公众号、微博账号跟进推出了《来平上学孩子就学不再难》等报道。

当然，国家和省上出台的新政等，也可以采用这种方式处理。这样，就能做到本土新闻新颖化、重大新闻本土化、新旧媒体融合化，真正达到巧妙融合借力、立体广泛传播的效应。

总之，地市级电视台只有在充分发挥好现有资源优势的基础上，巧妙地利用新媒体平台，真正做到与新媒体互通互联，融合发展，才能走出一条可持续的特色发展之路。

参考文献：

1. 陈正荣. 打造中央厨房的理念、探索和亟需解决的问题［J］. 中国记者，2015（4）.

2. 杨波. 全媒体转型：转什么？怎么转？［J］. 新闻记者，2014（9）.

3. 李斌. 从近期总书记报道看时政报道新趋势［J］. 中国记者，2013（3）.

附录二

平凉市广播电视台关于通联外宣
工作的调研报告

为了加强业务工作交流，提升新闻通联及外宣工作质量，2022 年 3 月末 4 月初，平凉市广播电视台副台长李哲带领通联部、外宣办等相关部门负责人对七县区融媒体中心进行了为期 5 天的考察调研。调研组通过实地参观、座谈交流等方式，认真仔细地学习考察了各县区融媒体中心的整体架构、运行机制、设施设备、绩效考核、管理制度等，征求了各县区融媒体中心对宣传思想工作的意见、建议；与管理岗干部和一线编辑记者就做好通联、外宣工作，构建大外宣、大通联格局开展了深入探讨交流；达到了加强沟通、增进了解、开阔视野、提升工作的目的，收获颇丰，获益良多。现将考察所思所想汇报如下，请批评指正。

一、各县（市、区）融媒体中心的工作亮点

（一）整体架构全，设施设备新

　　各县（市、区）在融媒体建设中，按照"全程、全息、全员、全效"的要求，合理设置了管理、生产、发布、运营等职能部门，确保了整体工作的平稳有序推进。有的是"一办六部"，比如泾川县融媒体中心下设 7 个内设机构，分别为办公室、策划调度部、新闻部、节目部、新媒体部、技术播出部、市场运营部。有的是"三办六部九个工作室"，比如庄浪县融媒体中心下设办公室、财务室、总编室、采访部、新媒体部、广播电视部、外宣部、技术播出监测部、影视数字化工作室。

　　在设施设备方面，各中心都按照高清化、适用化、数字化的"三化"要求，配备了广播播出、电视节目制作、新媒体产品生产等整套设备，并且及时更新，以满足节目生产、制作、发布等需求。各中心都实现了每名记者有一台电脑、一台摄像机、一个三脚架的基本设备配备，大部分中心都实现了制作播出数字化、高清化。与此同时，各中心积极争取项目支持，力促事业发展。比如，崇信融媒体中心争取实施了智慧广播项目，建成了全省第二家、全市第一家数字智慧广播，今年，准备积极争取实施应急广播项目。静宁融媒体中心无论是拍摄电视新闻还是制作新媒体产品，都基本用单反完成，确保了高清专业画质，领导满意、受众赞誉。

　　（二）节目平台多元、新媒体工作亮点频闪

　　今年是县级融媒体中心成立的第三年，随着新媒体事业的迅猛发展，各县（市、区）融媒体中心的节目内容更加广泛、形式更加多样、发布平台更加多元。尤其是在新媒体产品方面，各中心持续发力，亮点频闪。根据统计，各中心的发布平台平均达 17 个，不仅涵盖"两微一端"，更拓展到了各种网络新兴平台，而且在内容创作和平台运营上，大家使出浑身解数，千方百计"吸粉"，提质增效。灵台抖音号粉丝量遥遥领先，华亭发布集合网红产品破壁出圈，泾川微视频创作颇具新意、引人深思，静宁 VR 版块集合全县各乡镇村社全景图，记录乡村变迁、助力乡村振兴，庄浪"短视频航拍＋同期展现"县上中心工作，这些亮点值得我们学习借鉴。

（三）干部年轻化、队伍活力足

各中心人员机构相对比较单一，概括起来，基本有三类：大多数是财政全额供给人员，一小部分是临时招聘人员，此外，就是公益性岗位人员。减少了人员工资的包袱，各中心事业发展犹如注入了源头活水。最近几年，县（市、区）对融媒体中心高度重视和大力支持，各中心的整体干部队伍正趋年轻化。其中，华亭市融媒体中心干部年轻化程度最高，平均年龄 37 岁。由于机构设置相对合理，职责明确，一线工作人员身兼数职，一专多能，工作动力和活力显著增强。

（四）工作理念新、安全意识强

现在是信息化时代，理念很关键，数据是核心，技术是保障，安全为底线。各县（市、区）无论是在节目生产理念，还是设施设备的购置、播出刊发的安全性上都或多或少地领先于我们平凉台。比如，崆峒区融媒体中心引进了湖南卫视的广播节目抓取和管理模式，新闻收集和抓取、编辑、播报都由机器人实施，融媒体中心负责审核，从根本上保障了播发消息的时效，节省了人力成本。此外，崆峒区引进了开普云检测软件，用于节目、文稿错误和敏感词汇的检测，筑起了牢固的节目制作播出的安全壁垒。在制作编辑线上，引进了优盘（USB）保护隔离软件，既畅通了各个编辑线的沟通传输渠道，又彻底解决了优盘输入带来的病毒感染风险。

二、通联和外宣工作方面存在的问题

（一）追求点击量，没有广播电视上送硬性指标

根据各中心反映，由于现行的考核方案是每周通报各新媒体平台点击量排名，而广播电视通联外宣没有硬性任务和考核指标。虽然有的中心也给记者下达了通联、外宣稿件任务，但在主管部门把注意力全部转移到新媒体的大背景下，这种没有具体考核奖惩办法的通联任务指标基本上就形同虚设了。

（二）工作重心转向新媒体，传统广电新闻采编人员锐减

受考核标准风向变动的影响，各县（市、区）都把工

作重心全部转移到了新媒体工作上，人员、资金、设备等全都流向了新媒体，传统广电新闻采编人员所剩无几。在七县区区融媒体中心，传统的电视新闻采访人员基本上都是六七人，而各（市、区）的领导都在 11 个左右，加之各中心的新闻节目均由隔日播出增加到了日播，这样的人数比例和播出频率，导致了仅有的新闻采编人员被动应付县上时政新闻的采访都力不从心，更谈不上腾出更多的精力和时间，用心做好广播电视新闻的通联和外宣工作了。

（三）没有专人负责，广播电视通联外宣工作被边缘化

在这种大背景下，广播电视通联外宣工作逐渐被边缘化。各县（市、区）通联外宣工作大多数没有专人负责协调调度，都由新闻中心或者采访部主任兼任，只有静宁和庄浪专设了一人。这样的工作格局，导致了通联稿件和素材只能由记者自己上传。在采访间隙抽空上传，往往是传了稿件，忘了素材，或者素材错位，格式不匹配，质量和时效可想而知。

（四）内宣任务重，无力顾及通联和外宣工作

由于记者人数少、时政新闻多，县（市、区）领导关注的重心转到了新媒体，布置的内宣任务重，致使大家无力顾及通联和外宣工作。比如，静宁负责通联外宣的同志，就被长期抽调做访谈节目。虽然我们做过多次沟通，但大家对于通联、外宣工作真的是有心无力。

三、今后的工作设想和建议

（一）提高思想认识、提升合作水平

《平凉新闻》是全市要闻总汇，是我们平凉台和各县（市、区）融媒体中心共同的播出平台，要办好《平凉新闻》就必须进一步提高思想认识、加强沟通交流，提升合作水平。

（二）下达指标任务、提高重视程度

建议市委宣传部向各县（市、区）融媒体中心下达广播电视通联硬性任务，这样，不仅有利于各级新闻宣传机构守好传统舆论阵地，提高对通联外宣工作的重视程度，更有助于提升全市的电视新闻宣传质量和电视外宣水平。

（三）畅通上传通道、提高传输质效

1. 上传素材的通道问题

目前，传输素材的专网只有华亭一家畅通，其他六县区全部用 QQ 上传，速度慢而且无法长期保存素材，建议：要么彻底修好专网（之前修过多次，技术部反映是各县区用专网存储素材占用空间，督促各县区腾挪素材、清理空间后，仍然是时断时续，到目前又彻底瘫痪）；要么用百度网盘上传素材，这样，就和央视、省台传输通道实现了统一，方便外宣及时上送上传。

2. 上传视频的格式问题

在调研中，我们已将技术部提供的统一视频格式发给了各县（市、区）融媒体中心，但我台后期制作人员反映，这种 MP4 格式虽然和省台要求的格式一致，但在我们的编辑线上却不能流畅编辑，只能再次转为 MPG 格式后再引入编辑线制作。邀请技术部的同事看了，说 MP4 格式可以引进去，但制作人员在实际操作中发现，单条可以引进去，然而素材稍微多一点，就会卡顿。

3. 素材命名的问题

为了方便查找素材，素材命名格式为：县市区 + 新闻标题（可简略）+ 记者姓名。这些问题已经在调研中给各县（市）区做了反映和提醒。

4. 稿件质量问题

稿件质量不高，错别字、素材不对位等问题已在调研中进行了沟通，会继续关注沟通。

（四）改变沟通方式、提高联系黏性

建议采取半年调度、年底沟通考评的方式，组织通联、外宣沟通专班定期或不定期巡回各县（市、区）进行沟通交流，征求意见，弥补不足之处，以引起各县（市、区）对通联工作的重视和支持。此外，除了坚持每天发布策划方案、拍摄选题等以前所用的好的方式方法外，继续坚持每周公布当班主任和通联编辑的姓名、电话等信息。此外，采取个别谈话、学优评先，新建通联管理微信群，在通联群及时发布播发的县区新闻链接等措施，提高和各县（市、区）的联系黏性。

（五）改变统计方式、激发工作活力

以前，通联稿件的统计是"眉毛胡子一把抓"，上传的稿件无论长短、优劣都按一条统计，这在一定程度上挫伤了大家拍大稿、上头条的积极性。我们建议，以后根据稿件的长短、优劣、时效等，按照简讯半条，带同期的稿件一条，质量好、时效性强的稿件一至两条，给记者登记任务，并发到通联群方便大家学习借鉴。此外，改变每个月的统计为每周二公布上周各县市区上送上稿情况。

（六）增加激励措施、提高送稿积极性

现行的通联稿费太低，不能很好地调动通联记者送稿的积极性，而且是一年一兑现，这种兑现方式更使大家"食之无味"，"弃之也不可惜"。建议台上适当提高通联稿费，并且实现每月一兑现，这样不但可以增加送稿人每月领费用时的小小喜悦感，而且可以刺激不经常上送稿件记者，随之也能相应提高大家的积极性。

（七）加大培训力度、提升工作水平

调研中，大家建议，采取邀请专家集体培训、送出去精准学习或者通过市、县、区联合开展业务培训、岗位练兵、技能比武等多种形式，加大培训力度，提升工作水平。

（八）及时总结工作、赋能上传下达

希望年终通联会在第二年年初及时召开，以方便总结工作、聚合思路、部署任务、激发活力、提高效率。

（九）增设安全设施、筑牢安全屏障

如果条件允许，建议台上购买类似于崆峒区所用的开普云安全检测和优盘隔离保护等软件，解决文稿传输、口播字幕拷贝、敏感词汇检测等问题，切实筑牢安全屏障。

附录三

关于推进融媒体改革工作的设想

尊敬的领导：

您好！

因为热爱，所以执着；因为挚爱，所以努力；因为深爱，所以希望他越来越好！人的一生最大的快乐就是从事自己喜欢的工作，而我就属于这个最幸运的群体。自从市级融媒体融合推进工作启动以来，受身边同事的感染，我一直在思考我们的融媒体该怎样融才会使我们喜欢的这个行业越来越好。尤其是自融媒体中心挂牌以来，我甚至有些焦虑。和大家一样，我很想为这个大家庭做点什么。您在见面会上集思广益，动员大家一起想办法、出思路，让我很受触动和启发。

下面向您汇报一下，近段时间我的一些不成熟的思考和想法，不对的地方，还望批评指正！

一、搭建大平台，借力打力，打造真正具有影响力和竞争力的"四全"媒体平台

目前，我们的新媒体，不论是报社还是电视台，受多种因素制约，都是单打独斗，传播范围有限，粉丝量较少，只能做有限的信息传播，根本无法经营，更谈不上产生经济效益。我建议：拓展"新平凉"或者"视听平凉"App的功能，和管理平凉大数据的部门、政务服务中心、卫健委、教育等部门单位沟通协商，让这些和普通百姓生活密切相关的政务服务等事项入驻咱们的App，这样就能增加咱们App的用户黏性，形成了多部门推动、人人必下载的良好推广局面。比如，通过咱们的App能下载"平凉快办"，实现医院挂号就诊、促销优惠券的抢订、税务登记、房产过户、教育缴费、水费电费缴纳等功能。这样，下载量、关注量肯定就上去了，植入广告也就可以水到渠成了。

当然，打通这些多年来未打通的壁垒，肯定很不容易。这就需要狠下功夫：

第一，请求市委市政府从政策层面进行行政推动。

第二，可以建立经营分红机制，调动入驻部门单位的积极性。

比如，根据每个版块的浏览点击量，和广告经营收入直接挂钩，按年或者按季度给予对口部门单位相应比例的分红。

第三，完善服务保障机制，提升业务办理质效，助力

部门提升形象、增加政绩，以赢得信任、争取合作。

通过技术手段和服务模式的革新，部门的业务不仅办起来更加方便顺畅，而且提供增值服务。比如，在咱们 App 上给孩子缴学费，不仅可以通过微信等多种方式远程缴纳，而且可以查询孩子的学习成绩，还可以免费赠送教育孩子的权威教学视频。

对于合作的部门来说，不仅业务办理比以前更优质高效，群众满意度更高，而且减少了他们工作量，还有一定的分红（如果政策不允许，可以换算成咱们融媒体中心给他们单位免费做宣传片的时长）。这样一举三得的好事情，对于他们来说，应该还是具有一定吸引力的。而对于我们来说，受众多了，平台大了，粉丝量上去了，影响力和竞争力自然就增加了，创收也就有载体和底气了。

二、改变体制机制，实行高效管用的奖惩措施，激发干部职工工作活力

如果能够按照老人老办法、新人新措施的原则，出台务实管用的奖惩激励措施，而且能够及时兑现，让大家的工作业绩和收入直接挂钩，绝对可以激发出前所未有的工作活力。比如，广告提成及时兑现，稿件按等级兑现稿费，播音按优劣给予绩效，后勤工作人员按工作量核定绩效，等等。此外，一定要采取请进来、走出去的方式，切实加强干部职工培训，提高工作能力和业务水平。为了满足工作

的需要，可以采取竞争上岗或者外聘的方式解决急缺实用的人才。

三、发挥优势，融合经营，打造多领域、广覆盖的经营发展新格局

随着新媒体时代的到来，我们传统媒体的广告收入锐减，陷入了前所未有的经营窘境。分析当前的广告宣传市场，商机依然存在，外面好多的广告传媒公司抓住商机，发展得都很不错。究其原因，主要有以下三点：一、机制灵活，工作效率高；二、定价合理，产品质量好；三、主动出击，服务意识强。由于要生存，所以，广告传媒公司始终把效率和质量放在第一位，说今天上墙的广告绝不可能推到明天，说今晚要审定的专题片绝不可能拖过夜，让用户始终拥有上帝的感受和体验。

和这些社会上的广告传媒公司相比，我们目前最大的问题就是运行机制不活、服务意识不强、工作效率不高。而这些问题，相信都会随着运行机制的革新和切合实际的绩效考核的实施而逐步破解。

事实上，作为主流媒体，在新时代高质量发展的大潮中，我们完全可以发挥权威传统媒体的优势，利用广阔平台，大有作为。

我认为，我们主要有以下几方面的优势：

第一，专业人才的优势。

文本撰写和广告设计，那是我们报社同仁的看家本领，

拍摄、配音、制作，那是我们电视台同仁的实力担当啊！我想，在这方面，平凉绝对没有哪一家传媒公司能兼具这两方面的优势，而且能超越我们。

第二，权威的发布平台。

我们发布平台的权威性和广泛性绝对不容置疑。我们不仅可以制作，还可以在权威的平台上发布。

第三，丰富的素材资源。

比如，我们报社平时采访留存的资料图片，比如，我们电视台平时拍摄的视频素材。这些资料很难得而且具有唯一性，而这恰恰是很多汇报资料片中典型工作方法和突出工作业绩的重要佐证，缺一不可。

鉴于此，我提出以下几点具体建议：

一、融合拓展发布媒介，搭建广布设、全覆盖的发布平台

可以利用我们传统权威媒体的优势，和惠民公司、公交公司、路政、公用事业管理单位等沟通协商，牵头成立一个融合性广告运营中心（成员单位共同经营、共担风险，我们融媒体中心控股），取得平凉城区甚至全市范围内路政、公益宣传栏、城市大屏、单位楼道、社区楼宇等所有传播媒介的经营发布权，实现统一管理运营，加上，我们现有的广播、电视、报纸、网络等，这样，我们就拥有了平凉市最权威、最广泛的广告发布平台。

平台唯一、价格统一，这些垄断性的优势，为我们承接各种广告业务，参与大型公司广告竞标等赢得了绝对优势。当然，承接的业务，可以由我们的广告运营中心负责制作布设，也可以兼并社会上优秀的、有实力的广告传媒公司，按一定比例提成给他们，让其负责制作发布，我们负责监制，以保证质量。

二、融合拓展业务范围，形成多路开花、多方营收的经营格局

通过奖惩机制，激发干部职工的工作活力，让大家主动出击，对接业务，增加收入。可以着重从以下几方面入手：

1. 改变经营理念，抢占汇报短片市场

目前，各个部门、单位迎接检查、向上争取项目，都需要制作工作汇报短片。这也是目前我们最有希望也最具操作性的增收捷径。当然，目前这项业务大部分主动权掌握在社会上的传媒公司手里，因为他们已经和这些公司建立了相对稳固的合作关系。要抢占这片市场，就必须转变经营理念，俯下身子，以最好的服务态度、最优的服务价格、最高的工作效率、最佳产品效果赢得信任、树立形象、争取合作。外出争取合作时，可以亮出我们的撒手锏：凡在我们融媒体中心制作的短片，免费或者优惠在我们的各个平台发布一次。

2. 转变经营思维，增加联办栏目份额

可以借鉴以前的成功经验，和各部门、各单位沟通，增加联办栏目、节目份额。比如，目前，我们和交警支队联办的《交警伴你行》，和残联联办的手语新闻，和工会联办的专题栏目，等等。可以在此基础上，再优化思路、提高层次。

3. 优化工作思路，提高经营增收水平

我们可以利用多平台整合、多渠道发布的优势，以打包促销的方式，增加客户广告曝光率，增加客户黏性，激发市场活力。比如谈合作时，可以采取做电视短片送平面广告宣传 1 次，发报纸专版送电视游动宣传 1 次，发形象广告送广播宣传 1 次等方式打包促销。

三、树立开放理念，搭建融通平台，形成内通外联的大宣传格局

在现有和各县区融媒体中心建立通联关系的基础上，可以和市直各部门、各单位甚至各县区的乡镇街道建立起互通互联的沟通宣传机制，在各单位、各部门、各街道社区确定一个通讯员，建立微信和 QQ 群，报送信息，沟通联系。当然，最好的方式是，在咱们的 App 上有各部门、各单位的宣传版块，这样，从经营发展方面来讲，就可以更好地增加咱们 App 的黏性，提升"吸粉"能力，如果有可能，咱们还可以收取入驻费；从新闻宣传方面来讲，可以第一时间把线索报上来，把发布的链接广泛精准地传播发布。遇到突发新闻，也可以让通讯员传现场图片和视频，这样就大大提高了新闻发布的时效性。

由于能力有限、眼界不宽，很多想法不够成熟具体，可能还偏离改革大势，不对的地方还望海涵指正！

附录四

平凉市广播电视台关于县（市、区）融媒体中心建设运营的调研报告

2018 年 9 月 20 日至 21 日，中宣部在浙江省湖州市长兴县召开县级融媒体中心建设现场推进会，深入贯彻落实习近平总书记在全国宣传思想工作会议上的重要讲话精神，总结交流各地经验做法，对在全国范围推进县级融媒体中心建设做出部署安排，要求 2020 年底基本实现全国覆盖，2018 年先行启动 600 个县级融媒体中心建设。根据中宣部的要求，在省市委宣传部的推动下，2019 年底我市七县区融媒体中心均已挂牌完毕并投入运营。

近年来，平凉市各级政府高度重视媒体融合发展，注重整合媒体资源，提升引导能力，投入了大量的人力、物力和财力，在推动县媒体融合发展道路上探索出了有效路径。这为地市级媒体融合提供了有迹可循的宝贵经验。

3 月 3—5 日，平凉市广播电视台副台长景兴才带领融媒体采访中心、通联部、新媒体中心、技术部一行四人对

七县区融媒体中心进行了为期两天半的考察调研。调研组通过实地参观、座谈交流等方式，征求了各县区融媒体中心对宣传思想工作的意见、建议；与管理岗干部和一线编辑记者就做好外宣通联工作，构建大外宣、大通联格局开展了深入探讨交流；认真仔细地学习考察了各县区融媒体中心的整体架构、运行机制、设备参数、绩效考核、管理制度等，达到了加强沟通、增进了解、开阔视野、提升工作的目的，收获颇丰，获益良多。现将考察情况和考察所思所想汇报如下，请批评指正。

一、各县（市、区）融媒体中心的基本情况

（一）灵台县融媒体中心

灵台县融媒体中心于2019年1月29日挂牌成立，属灵台县政府直属事业单位，为正科级建制，归口县委宣传部管理，整合了原县广播电视台、县委报道组、县网络安全和信息化工作办公室承担的新闻宣传职能，核定事业编制32名，设主任1名，副主任2名，现有干部职工45人。设置了办公室、总编室、采访部、编发部、微视部、制作部、播音部、播出部、技术部、经营部。办公室负责日常党务政务业务处理。总编室负责宣传策划、稿件编辑和业务考核、业务培训、职称评定。采访部坚持"一个人、一支笔、一台摄像机"的原则，兼顾照片拍摄，做到图、文、像一次采集到位。编发部负责"两微一端"、网站、"大蚂蚁"等

平台稿件审核发布。微视部负责短视频、微影视、宣传片、广告、图片策划、摄制，负责抖音、快手和视频号运营管理。制作部负责素材收集和视频制作。播音部负责播音、出境和主持。播出部负责广播电视安全播出。技术部负责日常设备维护。经营部负责经营创收。

特点：

1. 所有经营创收全部上交给县委县政府，融媒体中心需要时再向县委县政府申请划拨。

2. 自办栏目较为丰富，自办电视栏目有《十分关注》《百姓天地》《医苑撷英》。

3. 灵台新闻由以前的星期一、三、五播改变为现在的日播。

4. 融媒体产品灵活接地气，"灵台村支书上线'硬核'喊话"播放量106.3万，点赞1.5万，被人民网等国家级主流媒体转载。

5. 短视频化程度较高，在部门设置上成立了"微视部"，3名专职编辑专门从事短视频、微影视、宣传片、广告、图片策划的拍摄、制作。

（二）泾川县融媒体中心

泾川县融媒体中心于2019年1月29日挂牌成立，为泾川县政府直属事业单位，正科级建制，归口县委宣传部领导，设主任1名、副主任2名、纪检组长1名，核定事业编制34人，现有人员48人。在原泾川县广播电视台办公场所集中办公，对县广播电视台、县委报道组全部职能和县网信办承担的网络宣传职能，以及电视、广播、政府网站、泾川发布微信微博等平台资源进行整合，统一归并到融媒体中心管理运营。泾川县融媒体中心下设 7 个内设机构，分别为办公室、策划调度部、新闻部、节目部、新媒体部、技术播出部、市场运营部。

特点：

1. 传媒媒体有突破，新媒体有目标。重视外宣上稿任务，紧盯省市台发稿目标，每月确定一个系列报道主题，组织分管副主任、编辑、新闻部主任、副主任等相关人员策划上送新闻选题，2020 年，上送平凉台播出电视新闻 318 条，位居全市前列。

2. 有专门从事短视频创作的专职工作人员，拍摄的短视频讲求拍摄技巧、制作手法。

（三）崇信县融媒体中心

崇信县融媒体中心于 2019 年 1 月 25 日正式挂牌成立，为新组建的县政府直属事业单位，正科级建制，归口县委宣传部领导，整合县广播电视台职责，县委报道组职责，县网络安全和信息化工作办公室承担的政府发布以及政府部门、乡镇所属政府信息网站、"两微一端"的运行管理职能。核定事业编制 32 人，现有干部职工 41 人，其中编制人员 29 人，项目人员 8 人，公益性岗位 4 人。中心下设 7 个内设机构，分别为办公室、总编室、新闻部、新媒体部、编辑制作部、技术部、市场运营部。

特点：

1. 是我市县级融媒体中心里最早挂牌成立的，领导重视程度高。

2. 设备档次高，县委县政府支持力度大，现有 10 米长摇臂 1 台，纳加导播台一体机 1 台，摄像机 20 台，航拍器 2 台，电脑 36 台，主、备播出系统各 1 套，索贝编辑系统 4 套，存储设备 2 套，苹果编辑机 2 套，5D4 单反相机 1 台，70D 单反照相机 4 台，松下 G100M 照相机 2 台。

3. 崇信融媒体中心与上级主管部门沟通密切，干部推介多、提拔快，干部年轻化程度较高。

4. 通过巧妙借助政协提案的形式，争取政策和资金支持，融媒体中心建设就是巧借提案在融媒体中心的前身——崇信广播电视台院内现场办理的机遇实现提档、升级、加速的。

（四）华亭县融媒体中心

2018 年 12 月，华亭市被列为"中宣部重点联系推动的县级融媒体中心建设县"和"全省县级融媒体中心重点建设县"。华亭市融媒体中心于 2019 年 1 月 31 日正式挂牌成立，正科级事业单位，归口市委宣传部领导，下设综合办公室、指挥中心、采编中心、节目中心、新媒体中心五个股级部室；核定领导职数 3 名，其中：主任 1 名，副主任 2 名。现有干部职工 46 人，事业编制 30 名，平均年龄 37 岁。

特点：

1. 干部年轻化程度高，平均年龄 37 岁。

2. 新媒体中心人力投入较高，有 12 人。

3. 华亭纪录片拍摄水平处于全市领先位置，在机构改革融媒体中心成立时将原有的纪录片拍摄团队划归到新媒体中心，负责全中心宣传片、专题片、纪录片、广告、短视频的拍摄制作，短视频化程度高。

4. 善于联动华亭市各单位，在新华亭 App 中设置就医挂号、购物、缴费等便民入口，目前 App 下载量有两万余人次。

5. 人员紧张，分工明确，专题部一人负责一个栏目的拍摄、写稿任务。由制作中心统一制作发布。

（五）庄浪县融媒体中心

庄浪县融媒体中心于 2019 年 3 月 29 日挂牌成立，为庄浪县政府直属事业单位，归口县委宣传部领导。整合原县委报道组、县广播电视台和县门户网的机构、编制、人员，设立办公室、总编室、采访部、编发部、战略合作部等"2办 6 部 8 个工作部门"，班子成员负责各部室运转的协调调度，总编室统筹新闻宣传日常业务。现有编制主任 1 名，副主任 2 名，核定全额事业编制 31 名，实有职工 28 人。

特点：

1. 有专门从事编辑工作的人员，这些编辑人员主要负责日常的写稿任务，稿件来源于由采访记者传回，县、乡政府传回的会议稿件，经他们编辑后，值班主任负责审定分发。

2. 人员紧张，全台有专职记者 3 人，如遇多路采访任务，临时从其他工作岗位上抽调人员。缺点是职责不清，工作人员没有归属感，分不清自己的工作任务。

3. 总编室负责节目的策划，这与大多数总编室的工作定位不同。

4. 战略合作部为庄浪融媒体中心的"创收"部门。

（六）静宁县融媒体中心

静宁县融媒体中心于 2019 年 3 月 29 日挂牌成立，是县政府直属事业单位，为正科级。设 8 个内设机构，均为股级：办公室、策划部、采集部、外宣部、编辑部、技术部、播出检测部、运营部。

特点：

1. 短视频化程度高。专门从事短视频创作的团队有 3 人。

2. 善于学习先进经验，不断丰富自己。静宁县融媒体中心主任马永萍曾花费 1 个月时间去新华社学习，回来后将静宁县融媒体中心按照新华社的部门设置改组。

3. 财政支持较好，花费 10 万元购置新华社新的融媒体产品 IMAGIC，这个系统是新华社推出的一款智能编辑系统，在后台可以完成短视频的优化制作，地市级以上领导的个人信息存储在大数据库中，在后台可以调取所需要领导（仅限需要）的视频信息。

（七）崆峒区融媒体中心

崆峒区融媒体中心于 2019 年 1 月 26 日挂牌成立，是区政府直属事业单位，为正科级。

特点：

1. 财政支持好。崆峒融媒体中心无编工作人员基本实现了与在编工作人员同等待遇；在较好的财政支持下，实施严谨的考核制度，既激发了工作人员的创作激情，又增强了区融媒的影响力。

2. 设立专门的策划岗。根据下个月或当月节日、活动、大事年表提前为新闻部和新媒体中心策划当月报道选题，确定报道、发稿时间点，人员责任明确，分工安排合理。既保证了有稿可发，又抢占了先机。

3. 有专门的新媒体通联群，招募特约通讯员提供新闻线索，经常第一时间发布吸睛的新闻消息、新媒体消息。

4. 新媒体编辑头脑灵活、创作力强，思维敏捷，编辑稿件不拘泥于形式，经常求新求异，能够夺人眼球。

二、各县（市、区）融媒体中心存在的差异与困难

虽然在国家层面大力推行融媒体建设的大背景下，各县（市、区）融媒体中心建设得到了各级党委、政府的高度重视，资金投入、设备购置、办公条件和之前相比发生了翻天覆地的变化，甚至比现在的平凉台要好很多，但和

当前的媒体融合发展形式相比，各县（市、区）的融媒体建设依然有发展不平衡、困难与挑战并存的问题。

1. 制度建设和理顺机制。县级融媒体中心是完成新闻宣传"最后一公里"的接力选手，其重要性不言而喻。但是，虽然在统一部署的时间实现了挂牌运行，依然存在制度建设不完善，机制不健全的问题，主要表现在人事安排、薪酬分配、运行模式上，在对政策的解读和执行过程中相对保守。

2. 人才匮乏。包括人才数量和专业能力两方面的匮乏。数量上的匮乏指的是一个人同时服务于好几个工作岗位，经常是疲于应付，专心做事的时间少之又少。能力上的匮乏是指缺少具备相应的专业能力的人，不需要培训或者只需要少量的岗前培训就可以熟练上手的专业技能人才。

3. 可持续的资金投入不足。县级融媒体中心前期虽然经过县委县政府的多方努力，挂牌运营，可是想要发挥县级融媒体中心打通"最后一公里"的能力，提升县级融媒体中心的传播力、影响力、公信力，持续的资金投入是必不可少的。

4. 用户黏性不强。目前，用户获取信息的渠道非常多，而有爆炸性的信息也就那么几个，爆款文章也不是经常有，如何增加用户黏性、增加用户数，是各媒体需要解决的一个问题。目前，华亭融媒体中心在 App 中增加了服务功能，使 App 的下载量有了大幅度的增加，其他媒体也可以借鉴。

三、关于通联外宣工作和市级融媒体中心建设的建议

（一）传统媒体——新闻通联方面

1. 对于大家普遍反映的专网不通、传送素材不畅的问题，通联部和技术部实地调研后，立即推出以下改进措施（及时在通联群进行了公布对接）：

①每周一在通联群公布值班主任和通联编辑姓名和电话，以方便沟通联系。

②每周由当班的通联编辑清理删除专网上3个月前的素材，以保证专网有足够的空间运行。（技术部分析，之前专网之所以不通，是因为大量闲置素材挤占了有限的资源，也请各中心确定专人定期删除之前的素材，以免误删）

③督促各融媒体中心负责外宣通联工作的同志，及时关注通联群里的约稿通知，把好稿件质量关，督促记者在上传稿件的同时及时上传素材。

2. 建议市委宣传部向县（市、区）融媒体中心下达当年上传稿件任务，尤其要下达电视通联任务，以引起融媒体中心对电视新闻宣传工作的高度重视，这样，不仅有利于各级新闻宣传机构守好传统舆论阵地，更有助于提升全市的电视新闻宣传质量和电视外宣水平。因为，在当前考核机制下，大家都更重视网络点击率排名，而对工作量相对较大、展示宣传效果好的传统电视宣传有所懈怠。

3. 每年定期召开通联外宣会议，总结工作、分析问题、提升效益。

4. 加大人员培训力度。通过"请进来"和"走出去"相结合的方式加强培训，提高人员业务技能（这也是各县、市、区最迫切希望解决的问题）。

5. 完善配套体制机制。创新考核标准和考核体系。按照同岗同酬、优劳优酬的原则，从质和量两个方面进行评判和统计。稿酬向独家、原创、首发倾斜，通联稿件由计件制转为计分制，以改变深度报道和简讯都记为 1 条任务的尴尬局面。

6. 建立节目提前策划机制。提前策划选题，责任到人，确定完成时间、发布时间，确保人员提前交稿，以提高节目质量。

（二）新媒体

1. 增加"两微一端"节目的短视频，提高短视频的拍摄技巧和制作方法。短视频是"点睛之笔"，保证传统媒体的阵地不变，提高短视频的创作技巧。

2. 加大新媒体产品的创作力度。

3. 加强"两微一端"的推广应用，提高我台的关注度。

4. 完善配套体制机制。创新考核标准和考核体系。按照同岗同酬、优劳优酬的原则，从质和量两个方面进行评判和统计。稿酬向独家、原创、首发倾斜。

5. 建立节目提前策划机制。根据节会、活动特点提前策划发布内容，包括短视频、海报、H5 等。

（三）硬件设备方面

1. 县（市、区）融媒体中心每位记者至少有一台电脑。目前，我台记者写稿全靠自己的手机，争取为我台记者每人配置一台电脑。

2. 升级新媒体工作人员的办公设备，技术需要随时更新，也是每个新媒体工作人员必须要掌握的。

3. 加大节目模板的购进力度。如今，节目的包装、创新是我们台短板，分析原因，主要是缺少技术和模板。通过调研，各县（市、区）都会在每年有限的经费中列支模板、素材购置引进资金，例如静宁融媒体中心素材模板年费甚至达到了 10 万元。

4. 加大资金争取力度。可以借鉴崇信的经验，采取政协委员提案的形式争取政府更大力度的支持。

附录五

试论突发事件报道中出镜记者的角色定位

  记者出镜是电视新闻报道中一种常用的形式，可以增强报道的现场感、真实性，在如今的直播时代，记者出镜报道的作用愈显重要，不仅引领着电视事业发展的方向与潮流，而且成了新闻传播中不可或缺的重要组成部分。这一点，在突发事件的报道中显得尤为突出。在地震、泥石流、冰雪、暴雨等自然灾害的抢险救援工作中，出镜记者的现场报道，不但为观众还原着灾害发生时的一个个场景，刷新着抢险救援工作的具体进展，也呈现着抢险救援中的一幕幕感人故事，这些鲜活的报道不仅让灾区的最新消息得到了及时传播，而且凝聚起了灾区同胞和社会各界众志成城、同心协力抗灾救灾的信心和决心。出镜记者一定要把握好自己的角色定位，稍有不慎，出现角色错位或言语不当，就会使整个报道顿然失色，甚至影响抢险救援和突发事件的处置工作。下面，我就突发事件中出镜记者的角色定位谈一点自己粗浅的认识。

一、出镜记者要把握好作为事件亲历者的角色定位

在突发事件报道中，一般是事件发生后，记者就会赶往现场，报道事件的发生、跟踪事件的进展。但在如今信息技术飞速发展的自媒体时代，事件发生的第一时间，就会有事件的亲历者通过微博、微信等渠道传播有关事件的消息，这些消息往往鱼龙混杂、真实度和可信度不是很高，这就要求作为党和政府喉舌的传统正规媒体发出真实可信的声音。比如，在地震、泥石流、暴雨、冰雪、台风等灾害发生的第一时间，我们往往会看到出镜记者或在抢险救援的队伍旁，或在赶往灾区颠簸的救援车辆上，或在瓢泼大雨中，或在肆虐的台风里发回消息，这些现场感很强的报道，很好地回应了观众迫切的信息诉求，也激发了大家进一步跟踪关注灾情的浓厚兴趣，加之后续的跟进深入采访，不仅帮助观众在纷繁复杂的海量信息中拨云见日，还原了事实真相，也发挥了宣传主阵地应有的作用。所以，在应急事件的报道中，记者要在条件允许的情况下，深入现场以事件亲历者的身份融入报道，而不能过多地引述。试想，当我们看到记者在狂风大作的现场，拉着树木或者依附在建筑物上还站立不稳地做现场报道，大风的级别和破坏力就不言而喻了。假如，记者不在现场而在气象台出镜，引述监测数据和预估灾害程度，这样的形式和现场出镜比起来就显得太苍白无力了。在报道抢险救援

工作中，记者如果跟随救援队在陡坡山路上艰难爬行中气喘吁吁地做现场报道，观众一下子就能体会到救援的难度了，这肯定比引用救援人员讲述的救援难度明了得多。在汶川地震中，央视记者为了将灾区的消息第一时间传递出来，甚至赶在救援队伍之前，挺进了处于震中的映秀镇，通过卫星电话将震中的受灾情况做了报道，这不仅发挥了媒体先声夺人的重要作用，而且为后续的抢险救援工作提供了重要信息，受到了社会各界的高度赞誉。

二、出镜记者要把握好作为观众代言人的角色定位

在应急事件的报道中，出镜记者不仅代表媒体的形象，更是观众的代言人，这就要求出镜记者不能按照常规新闻宣传模式来处理，比如，在报道中过多地强调政府的积极介入、领导的高度重视，而要从观众的角度出发，把重点放在传递灾害的最新消息、救援的最新进展等观众关心的热点问题上。比如，在社会安全事故现场，观众最关心的肯定是事故的伤亡人数、事故发生的缘由、采取的救援措施和救援进展，如果出镜记者选择的被采访对象出于种种顾虑而不愿过多地透露这方面的情况，就要采取其他办法补救，比如，采访事件的亲历者或目击者。当然，在一些突发事件中，记者赶往现场时，往往已经拍摄不到有用的画面或者现场已经被封锁了，这个时候，出镜记者就要充分挖掘、延伸和搜集摄像机不能直接记录的信息，通

过走访调查等方式获取最有用的第一手资料，在现场出镜采取讲述的手法帮助观众——还原事件的真相、分析事件的原因。

三、出镜记者要把握好作为事件体验者的角色定位

在新闻报道中，我们经常会提到体验式采访，这种方式在突发事件的报道中同样适用而且非常有必要。在突发事件，尤其是一些灾难性的抢险救援报道中，记者会深入现场采访报道救援工作的进展情况，比如，在地震、泥石流、冰雪等自然灾害现场，记者在关注救援进展的同时，会更多地把目光投向灾区群众的生活安置工作上，救援人员搭建临时避难帐篷、发放生活用品、灾区急需物资等就成了媒体聚焦的又一个重点。出镜记者在报道这些情况时，就可以加入救援队伍当中，采取体验式报道的方式，比如帮助子弟兵搬一些帐篷的支架，帮运矿泉水、被褥、方便面等生活物资，通过自己的体验反衬出救援人员救援工作的强度。在寒冷的冬夜，记者可以在灾区同胞的帐篷里出镜，通过自己虽然穿了防寒服还冻得瑟瑟发抖，来反衬灾区群众仅靠薄薄的被褥勉强过夜的不易，再联想到由于灾区物资紧缺还没有帐篷可住的群众和子弟兵。通过这些体验式的现场报道就把救灾工作的艰难和灾区急需物资的紧缺状况很好地呈现出来，这比直接报道救灾工作的艰苦和灾区急需什么物资更有说服力。

四、出镜记者要把握好"职业和个性"自我的角色定位

记者在新闻现场，一般都会出现两个"自我"，一个是"职业的我"，一个是"个性的我"。"职业的我"要求记者以职业媒体人的身份全力做好新闻报道工作，"个性的我"要求记者以个体的身份融入事件当中，体现人间温情。在新闻报道中，如何处理好这两者的关系，把握好孰轻孰重的度，不仅体现着记者的职业素养和采访技巧，而且关乎整个新闻报道的成败。这一点，对身处突发事件现场的出镜记者来说，是一个亟须解决而且必须解决好的职业难题。试想，在救援现场的直播连线中，记者正在前面做现场出镜，身后的救援人员却因为人力不足抬不起压在被困者身上的重物，这个时候记者是按照职业要求继续做新闻连线呢，还是放下话筒参与救援呢？处于两难境地的记者肯定得用简短的话语交代之后，参与到救援中去，这样不仅体现了职业精神，更彰显了人文情怀。所以，在现场救援的报道中，选择恰当的时机采访，采用恰当的方式帮忙，是出镜记者必须掌握的又一项职业技能。例如，面对在矿难事故中刚刚升井的生还者，如果能采访到同期声，效果当然好，但如果生还者的身体不允许，就不能为了效果而勉为其难。面对力所能及的推车、劝慰等工作，出镜记者则应该尽量去做，央视记者李小萌在汶川地震中劝一位执意

回家取腊肉的老大爷的镜头，相信已经深深地烙进了观众的脑海里，这组画面不仅体现了央视记者良好的职业素养，而且使整个报道溢满真情，感人至深。

总之，作为报道突发事件的出镜记者，一定要做到胆大、心细，既处事不惊又情真意切，帮忙而不添乱，灵活而不死板，到位而不缺位，才会使整个报道既及时准确，又充满温情、富有张力。